AF450938

Editorial
NUN

Construyendo la felicidad

Ficha bibliográfica

Casillas Castañeda, Ana Jimena

Construyendo la felicidad. Ser feliz con virtudes
1a. edición, 2023

ISBN: 978-607-59691-6-9

Editorial Notas Universitarias, S. A. de C. V.

Impreso en la Ciudad de México, en agosto de 2023
Formato: 15 × 21 cm

228 pp.

Editorial NUN

Es una marca de la Editorial Notas Universitarias, S. A. de C. V.

Xocotla 17, Tlalpan Centro II, alcaldía Tlalpan,
C. P. 14000, Ciudad de México

www.editorialnun.com.mx

Los textos aquí presentados fueron arbitrados (doble-ciego) y dictaminados por especialistas nacionales.
Posteriormente fueron revisados, corregidos y modificados por los autores antes de llegar a su versión final

Dirección editorial y diseño de portada: Miryam D. Meza Robles
Cuidado de la edición: Felipe G. Sierra Beamonte
Corrección de estilo: Casandra D. Álvarez García
Lectura de pruebas: María Magdalena Álvarez Malo
Diagramación: Carlos A. Vela Turcott
Formación y versión digital: Alejandro Ramírez Monroy

Impreso en México

Construyendo la felicidad

Ser feliz con virtudes

Ana Jimena Casillas Castañeda

*Toda nuestra vida, en cuanto a su forma definida,
no es más que un conjunto de hábitos.*

William James (1892)

Índice

Presentación — 13

I. ¿Quién es el hombre? — 15

II. El hábito y la felicidad — 21
  1. Anatomía del hábito — 21
  2. ¿Qué se ha dicho acerca de la virtud? — 24
  3. La importancia de los amigos — 37
  4. Justo medio: la virtud — 39
  5. Educar virtudes — 43
  6. Libertad y virtud — 50

III. Elementos de la virtud — 55
  1. Los vicios — 57
  2. La virtud como expresión de amor — 62

IV. Las virtudes cardinales — 67
  1. La educación de las virtudes morales — 73

V. La prudencia — 77
  1. El arte de vivir la prudencia: madurez — 79
  2. ¿Cómo vive el prudente? — 90

VI. **La justicia**	97
1. Lo que hace una persona justa	121
2. ¿Cómo vive el justo?	122
VII. **La fortaleza**	129
1. Vivir la fortaleza: resistir y acometer	134
2. Cómo actúa el fuerte	150
3. ¿Cómo vive el fuerte?	154
VIII. **La templanza**	163
1. Vivir la templanza: autocontrol	167
2. Cómo actúa el templado	201
3. ¿Cómo vive el templado?	204
IX. **Ser feliz viviendo las virtudes**	213
1. ¿Es posible tener todas las virtudes?	213
Referencias	223

Presentación

Una de las preguntas más difíciles para responder es quién eres. Este es uno de los dilemas que tenemos toda la vida para responder.

La pregunta la hacemos todo el tiempo de una manera casual y la respondemos con nuestro nombre, pero nos es cómo te llamas, sino algo más profundo...

Saber quiénes somos debemos responder la pregunta ¿de dónde vengo? Porque llevo un pasado, una historia que me ayuda a definirme, aunque no del todo, porque así como he vivido también voy a vivir: ¿a dónde voy? Es la siguiente pregunta a responder.

En consulta menciono, y todos los que me han escuchado alguna vez, lo saben: tu persona es tu empresa, así que si con tanto empeño hemos pensado armar una empresa con el FODA, misión, visión y valores. Nosotros, nuestra empresa, ¿cómo nos presentamos?

Lo que hago no me define, pero sí me identifica, esto incluye reacciones, conductas, hábitos y gustos. ¿Te has dado cuenta que cuando no conocemos a alguien comenzamos a describirlo? Por su físico, por su vestimenta y por lo que siempre hace. ¿Te describen por tus virtudes o por tus vicios?

I. ¿Quién es el hombre?

Cuando se habla del hombre, la pregunta que surge es: ¿quién es el hombre? Se trata de una situación diferente a cuando preguntamos: ¿qué son las cosas? Esto se debe a que las personas nos damos cuenta de nuestra existencia así como de aquello que hay a nuestro alrededor y preguntamos por eso, el resto de los seres existentes no tienen esa capacidad de reconocerse y reconocer el entorno en el que se encuentran. De ahí que es posible saber que las cosas son o no son y, por tanto, no pueden ser y no ser al mismo tiempo.

Es una de las preguntas más difíciles de responder, pero la primera que debemos atender para poder encontrar la felicidad; a través de la historia, muchos filósofos se han preguntado quién es el hombre, en el día a día muchos de los problemas existenciales comienzan con esta pregunta y, al no estar acostumbrados a hacer una introspección, la respuesta más sencilla es responder con el propio nombre.

Aunque este libro no es un tratado de antropología, me es preciso ahondar en algunos aspectos acerca del hombre para poder comprender de qué manera ser feliz al tiempo que se perfeccionan todas las facultades de manera integral. "Para ser libre, el hombre debe estar constitutivamente abierto. Una naturaleza completamente hecha, cerrada, acabada, no puede dar lugar a un acto libre".[1] Para esto es importante considerar tres puntos:

---

[1] Jesús García López, *El sistema de las virtudes humanas*, pp. 29-32.

1. La esencia o la naturaleza es algo común a muchos; pero el hombre, cada hombre, es una personalidad irrepetible.
2. La esencia o la naturaleza es algo fijo; pero el hombre es esencialmente mudable.
3. La esencia o la naturaleza es algo determinado, delimitado; pero el hombre es libre, está constitutivamente abierto, suelto.

Dado que el hombre es cuerpo y alma, el conjunto de materia y espíritu con facultades determinadas que le permiten sobrevivir y conocer el entorno para dominarlo, también es preciso saber dominarse primero para poder hacerlo con el mundo exterior. El hombre es un ser racional, pero la pregunta es: ¿quién soy yo? Muchos dicen que es el temperamento (cómo reacciona a lo que le sucede) determinado genéticamente; más el carácter (los hábitos aprendidos) que se forma con la educación; y la libertad (mediante la cual se toman decisiones y se actúa) en donde escapa la necesidad para autodeterminarse día con día.

Durante la historia, el hombre ha realizado grandes hazañas y conquistado nuevas alturas, aquellos que podemos decir que son felices, pero pocos son los que saben quiénes son realmente. ¿Cómo lo logran? Existe un conjunto de acciones repetidas que definen a los grandes hombres y mujeres de la historia. Aristóteles habla del hábito como aquello que define al hombre en su modo de ser en cuanto a la moral:

Algunos creen que los hombres llegan a ser buenos por naturaleza, otros por el hábito, otros por la enseñanza. Ahora bien, está claro que la parte de la naturaleza no está en nuestras manos, sino que está presente en aquellos que son verdaderamente afortunados por alguna causa divina. El razonamiento y la enseñanza no tienen, quizá, fuerza en todos los casos, sino que el alma del discípulo, como tierra que ha de nutrir la semilla, debe primero ser cultivada por los hábitos para deleitarse u odiar las cosas propiamente, pues el que vive según sus pasiones no escuchará la razón que intente disuadirlo ni la comprenderá, y si él está así dispuesto ¿cómo puede ser persuadido a cambiar? En general, la pasión parece ceder no al argumento sino a la fuerza; así el carácter debe estar de alguna manera predispuesto para la virtud amando lo que es noble y teniendo aversión a lo vergonzoso (1179b).[2]

La respuesta se encuentra en las acciones constantes que realizamos día con día. Por ejemplo: cuando se llega a describir a una persona se comienza por las acciones que diariamente realiza, por lo que se suele decir: "Es aquella persona que siempre llega tarde", "la que siempre se viste de negro", etc. Estos rasgos los tiene cada persona, lo cual lleva a cuestionarse a uno mismo: ¿cómo te reconocen los demás: por tus buenos o malos hábitos? Alasdair MacIntyre dice que al hombre se le juzga por el juicio de sus acciones. "Al realizar acciones de un estilo particular en una situación particular, el hombre da una garantía de su juicio sobre las virtudes y los vicios; ya que las virtudes son esas cualidades que sostienen a un hombre libre y las manifiestan en las acciones que realiza en el papel que requiere".[3]

Por hábito se entienden muchas cosas, actualmente se entiende como la repetición de actos, definición que queda corta para el ejercicio de las virtudes. Es por eso que muchas veces se confunde el hábito con la costumbre, pues ambas hablan de la rutina de la repetición de actos específicos. Sin embargo, los hábitos, a diferencia de las costumbres, no dependen de una autoridad externa, sino que se hacen por medio del ejercicio de la plena libertad: con inteligencia y voluntad.

a) disposición difícilmente movible que ha llegado a ser como una inclinación natural para obrar de un determinado modo

b) disposición para obrar con facilidad, con menor esfuerzo y atención

c) disposición que hace obrar con gozo y alegría.[4]

---

[2] Aristóteles, *Ética nicomáquea*, 1179b. En adelante, la *Ética nicomáquea* se abreviará en las referencias como *EN*. Asimismo, en todas las obras de Aristóteles referidas en este libro se utiliza la numeración de la edición de Immanuel Bekker en citación parentética.

[3] Alasdair MacIntyre, *After Virtue: A Study in Moral Theory*, p. 122.

[4] Ángel Rodríguez Luño, *La virtud moral como hábito electivo según santo Tomás de Aquino*, p. 210.

El hábito no sólo es una acción repetitiva, sino que parte desde la conciencia de la acción a realizar y de la ejecución libre de ésta. La costumbre simplemente se realiza sin realmente un pensamiento consciente, ni tampoco voluntario, al menos en una menor escala se quiere realizar, pero ese motor con el que se realiza no es interno, sino externo. Por ende, la virtud es "el principio de movimiento o de la acción. Es lo mismo que energía, potencia activa o capacidad de obrar o de hacer algo".[5] Si el hombre fuera una máquina, entonces la virtud sería el aditivo que le permite llegar a su destino: ser feliz. "Resultaría entonces que el hombre virtuoso sería alguien que ha adquirido los automatismos necesarios para obrar siempre de acuerdo con la regla moral; un individuo para quien el problema moral se ha desvanecido, y para quien la libertad ha llegado a ser un poder inútil, ya que la intervención de su voluntad y de su empeño personal se ha reducido al mínimo".[6]

Constantemente, el ser humano se encuentra realizando actos tanto aprendidos como genéticos que le son característicos, como la preferencia o la forma de actuar, caminar, escribir, etc.; y otros actos adquiridos, como el modo de hablar, las expresiones, gestos que tienen mucho que ver con la familia. Estos actos han sido propios desde pequeños y es a lo que comúnmente se le conoce como *educación*, por ejemplo: no poner los codos en la mesa, saludar, decir "por favor" y "gracias", no comer con la boca abierta, etc. Todos aquellos actos que los padres y maestros han enseñado a los chicos, y terminan por moldear al hombre. Este tipo de actos son hábitos o costumbres, las cuales son establecidos por una autoridad y se siguen sin realmente saber por qué o para qué se hacen, simplemente se ejecutan. Ya sea por cultura (tradición) o por ser algo establecido por alguna autoridad o un estímulo externo (costumbre).

Los hábitos se desarrollan durante toda la vida, sin embargo, no se puede confundir con el valor, el cual es una acción buena realizada en un momento determinado sin necesidad de que sea parte de la propia persona, sino una simple expresión bondadosa.

---

[5]   Jesús García López, *op. cit.*, p. 75.
[6]   Ángel Rodríguez Luño, *op. cit.*, p. 210.

Actualmente, el estudio de los hábitos ha sido explorado por los médicos, pues la influencia de estos actos repetitivos moldea el comportamiento de la persona, y por ende, en la sociedad. Además los hábitos se encuentran íntimamente relacionados en las actividades cognitivas, así como en la sociedad y en la salud.[7]

Uno de los mejores ejemplos al que se puede recurrir es el de Sócrates al ser condenado por enseñar la verdad a los jóvenes. Frente a la condena de Sócrates, es posible conocer al gran personaje que fue, buscando siempre vivir lo que predicaba hasta dar su vida por ello, en el ejercicio de la virtud, contemplación de la verdad, a la que más tarde Aristóteles tomará como fin último del hombre en su obra *Ética nicomáquea*.

> Por la virtud, en efecto, por hacerla conocer y amar de sus conciudadanos, había vivido y muerto Sócrates. Y el mayor testimonio lo dio él mismo en su defensa ante sus jueces, cuando cifra su misión en el "cuidado del alma", en su perfección moral mediante la virtud, como en el siguiente pasaje:
>
> Toda mi ocupación es andar de un lado a otro para persuadiros, jóvenes y viejos, de no preocuparos ni de vuestro cuerpo ni de vuestra fortuna tan apasionadamente como de vuestra alma, a fin de hacerla tan perfecta como sea posible. Y por esto os he dicho que no es de las riquezas de donde viene la virtud, sino, por el contrario, que las riquezas vienen de la virtud, y de ella, también, todos los demás bienes para el Estado y los particulares.[8]

La virtud socrática radicaba no sólo en la aplicación de buenas conductas, sino en la definición de las cosas por medio del conocimiento, siendo la sabiduría la más alta de las virtudes.

Más tarde santo Tomás define la virtud como aquello que "otorgan a las potencias operativas una inclinación *per modum naturae* hacia el fin debido,

---

[7] Ann M. Graybiel, "Habits, Rituals, and the Evaluative Brain", en *Annu. Rev. Neurosci*, p. 359.

[8] Platón, *Apología*, 29d *apud* Antonio Gómez Robledo, *Platón. Los grandes seis temas de su filosofía*, p. 91.

determinándolas *ad unum* (*ad bonum morale*) en un cierto sentido. Las potencias humanas quedan inclinadas, en efecto, hacia el bien moral que es la justicia, la fortaleza, etc., y su operación buena resulta más fácil y agradable, pero esto no autoriza a pensar que las obras virtuosas son realizadas de modo semiautomático, sin deliberación (*Scriptum super Sententiis*, lib. III, d. 33, q. II, a. 3, sol.; ed. Vives).[9]

La virtud no puede ser una segunda naturaleza que se realiza de manera automática, sino que es una elección ejecutada, llevada a cabo con plena inteligencia e inclinada hacia el bien: "La virtud torna buenas las obras de quien la posee. Con lo cual se declara que es algo que perfecciona a las facultades o potencias operativas para que lleven a cabo obras buenas. Cualquier obra buena, en efecto, debe proceder de una facultad bien dispuesta, es decir, enriquecida con la virtud".[10]

El hombre se encuentra en una batalla personal para lograr conseguir su fin: llegar a la plenitud. Estos deseos lo llevan a satisfacerse con los bienes materiales como la comida, bebida, vivienda, etc. Y como no encuentra felicidad en estos bienes, porque "no sólo de pan vive el hombre", como reza el dicho popular, es necesario completar esta felicidad con el alma: afectos, inteligencia (verdad) y voluntad (amor). No basta sólo con satisfacer el cuerpo y sus necesidades, buscamos algo más, somos insaciables en cuanto a lo material, por eso, es necesario saciar todo no nada más una parte: cuerpo y alma.

---

[9] Ángel Rodríguez Luño, *op. cit.*, p. 211.
[10] Jesús García López, *op. cit.*, pp. 80-81.

II. El hábito y la felicidad

El hábito es el maestro más efectivo.
Plinio, *Epístolas* (s. I d. C.)

La búsqueda por la felicidad es una tendencia natural en el hombre por lo que, a través del tiempo y en diversas circunstancias, ha buscado encontrar aquello que siempre ha querido: ser feliz. Las virtudes tienen una finalidad, una teleología a la que se dirigen: ser feliz.[1]

En este trabajo se busca emplear este mismo principio en donde el lector descubrirá que, si quiere cambiar sus hábitos, lo puede hacer porque conocerá de lo que se trata cada virtud; además será motivado con ejemplos para cambiar su vida. El cambio es posible, tanto para dejar de beber o fumar, como para adquirir virtudes que llegan a mejorar tanto en la vida personal como en la profesional. Las pequeñas victorias que podemos ir teniendo llevan a motivarse y mantener el esfuerzo para ser mejores y felices. "Los hábitos básicos nos transforman creando culturas que nos aclaran los valores, que en los momentos difíciles o de incertidumbre es fácil que olvidemos".[2]

1. Anatomía del hábito

Charles Duhigg estudia los hábitos desde un punto de vista mercadológico, pero no por usar este enfoque podemos prescindir de sus indagaciones en cuanto a la formación de hábitos en las personas. El estudio de los actos repetidos

---

[1] *cfr.* Alasdair MacIntyre, *Short History of Ethics*, p. 65.

[2] Charles Duhigg, *El poder de los hábitos*, p. 188.

tiene que ver con el aspecto corporal. En la parte más profunda, cerca del tronco cerebral —donde el cerebro se une con la columna vertebral—, se encuentran las estructuras más antiguas y primitivas. Controlan las conductas automáticas, como la respiración y el tragar: son los ganglios basales (se encuentran en el centro del cráneo), un grupo de células de forma ovalada. Por medio de experimentos, se pudo ver que los animales con lesiones en los ganglios basales no eran capaces de recordar su rutina, como el regresar por el laberinto; en cambio, se encontró que las ratas que buscaban chocolate por el laberinto tenían sus ganglios basales trabajando arduamente para conseguir su recompensa cada vez que repetían el ejercicio, de modo que el cerebro trabajaba con menos esfuerzo, pues al parecer los ganglios basales eran capaces de recordar la información aún sin estar recorriendo el laberinto.[3]

Lo que hace el cerebro para recordar hábitos es fragmentar nuestras acciones como si fueran aisladas, de modo que se pueden recordar las cosas con facilidad. Esto es como si se tomaran claves que activan acciones automáticas, como levantar el cepillo de dientes, aplicarle pasta y llevarlo a la boca para lavar la dentadura. Entre más se repiten estos ejercicios el hombre es capaz de poner atención a nuevas cosas ya que no ocupan tanta energía para hacer la rutina. Este proceso dentro del cerebro es un bucle de tres pasos:

1. Señal: se refiere al detonante que informa al cerebro que puede poner en piloto automático y el hábito que ha de usar.
2. Rutina: puede ser física, mental o emocional.
3. Recompensa: es la que ayuda al cerebro a decidir si vale la pena recordar en el futuro este bucle en particular (suena la campana, huele la comida y come).[4]

En este ciclo de formar un hábito, no hay distinción entre uno bueno y uno malo, es por eso que se deben reconocer para distinguirlos, pues siempre estarán al acecho debido a la recompensa que conllevan.

---

[3] *Ibidem*, pp. 40-42.
[4] *cfr. Ibidem*, p. 47.

El cerebro se acostumbra a una serie de combinación de pasos que nos lleva a actuar automáticamente: inicia con una señal (exacta) que desencadena una rutina, de ella se espera una recompensa, con lo cual la acción se arraiga a nuestra personalidad. Para iniciar un hábito, dice Duhigg que es necesario contar con un deseo, una apetencia que nos lleve a activar la rutina. La mercadotecnia se ha basado en mostrar la necesidad de las personas por medio de deseos que las llevan a encontrar una señal sencilla y evidente y una recompensa clara,[5] que dé felicidad o sufrimiento, esto es lo que podemos reconocer como éxito o fracaso. Cuando el deseo se mezcla con la acción, el cerebro capta la recompensa y entonces persigue el fin deseado. "Los deseos intensos son los que conducen a los hábitos".[6] Y descubrir cómo crear un fuerte deseo hace que se produzca un nuevo hábito de manera sencilla. Para cambiar un hábito es necesario conservar la señal y el deseo pero modificando la rutina. Por lo que también es necesario ser consciente de los hábitos que tenemos para encontrar la señal e identificar la rutina, es por eso que las asociaciones de ayuda como Alcohólicos Anónimos tienen éxito.

De manera fisiológica, la producción de hábitos puede llevar a una especie de conductismo o condicionamientos por los cuales los hombres pueden llegar a perder su libertad en la repetición de acciones que sin sentido lo lleven a actuar inconscientemente.

Los hábitos llegan a ser morales, sin embargo, siendo seres sociales la conducta puede ser afectada por un evento repentino que regrese a las conductas anteriores. Por ejemplo, alguien que pierde un ser querido puede volver a fumar o beber. Las condiciones y circunstancias en las cuales el sujeto se encuentra pueden ser superiores a las nuevas conductas aprendidas, es por esta razón que la intervención de la inteligencia y la voluntad tienen que ser contrapeso para evitar ser víctimas de las situaciones en donde uno se encuentra.

El creer en uno mismo y en las acciones que se realizan llega a ser más fuerte que la misma tensión o situación, que influye en el sujeto para evitar caer en patrones de conducta destructivos o en vicios. Tener la creencia en las

---

[5] *cfr. Ibidem*, p. 69.
[6] *Ibidem*, p. 101.

propias capacidades es una muestra constante que se puede lograr, sobre todo en las competencias deportivas, la creencia del pueblo hace que los jugadores se desempeñen de una mejor manera. Utilizando este ejemplo, se puede apreciar que el ejercicio de hábitos no sólo depende de uno mismo, sino también de los círculos sociales y la gente que se encuentra alrededor, ya lo decía Aristóteles en su obra la *Política*: "El hombre es un ser social por naturaleza".

La adquisición de nuevos hábitos se debe a la similitud entre acciones que realiza la persona.

> Hay pruebas de que la preferencia por las cosas que nos suenan familiares es producto de nuestra neurología […]. Nuestro cerebro anhela lo que le resulta familiar porque la familiaridad es lo que nos ayuda a escuchar sin distraernos con el resto de los sonidos […] los hábitos de conducta evitan que nos abrumemos por la infinidad de decisiones que, de lo contrario, nos veríamos obligados a tomar cada día.[7]

En otras palabras, es hacer familiar las cosas que se quieren adquirir y no dejar de hacerlas.

2. ¿Qué se ha dicho acerca de la virtud?

La repetición de actos nos lleva a la formación de hábitos, los cuales se vuelven una segunda naturaleza (casi como respirar, acto del cual no se debe pensar para que suceda), de modo que la persona puede verse beneficiada o afectada por estas acciones. Si tomamos el hábito como lo más alto en la educación de una persona, es posible referirse a la *virtud* como el hábito bueno, al cual se busca llegar para ser feliz:

> La palabra latina *virtus* —de la que viene, obviamente, la nuestra de "virtud"— designa ante todo, como salta a la vista, la cualidad propia del varón:

---

[7]   *Ibidem*, pp. 292-293.

vir, y en primer lugar, por tanto, una "virtud" tan privativa o tan propia del varón como el coraje o la valentía. En seguida, y por analogía con la fuerza viril, el vocablo denota todo vigor o pujanza en otros vivientes, sean animales o vegetales, y así se habla de la virtud del caballo o del árbol: *virtas equi, virtus arboris*. Por último, la voz tiene también la significación de cualidad o excelencia moral [...]. En la Grecia de los poemas homéricos —no necesitamos remontarnos más atrás— la *areté* es primariamente un valor vital, de la sangre podríamos decir, y que reside ante todo en la nobleza guerrera, que es la casta superior en aquella sociedad. Encarna, por tanto y en primer lugar, el sentimiento del honor, el valor en el combate y el desprecio de la muerte, y también la conducta caballeresca que los nobles observan entre sí, pero contrario con las gentes de condición inferior.[8]

Desde hace veinticinco siglos se han estudiado las virtudes, el primero en estudiarlas fue Sócrates quien, en la búsqueda por la verdad, desenmascaraba a los sofistas en su falta de conocimiento de las cosas, a los falsos maestros que prometían la virtud sin saber lo que era.[9] "Este relativismo, cuando se

---

[8] Antonio Gómez Robledo, *op. cit.*, pp. 92-93.

[9] Los textos que se citan de Platón en esta obra provienen de dos ediciones de Gredos tituladas: *Diálogos I: Apología, Critón, Eutifrón, Ion, Lisis, Cármides, Hipias Menor, Hipias Mayor, Laques, Protágoras* y *Diálogos II: Gorgias, Menéxeno, Eutidemo, Menón, Crátilo.* Por economía y claridad, se mencionará sólo el título del diálogo referido, además se usará la numeración de Henricus Stephanus en citación parentética según corresponda.
"SÓCRATES: ¿No está actualmente en mejor disposición respecto de la cosa que él ignoraba?
MENÓN: Así me lo parece.
SÓCRATES: Enseñándole a dudar y adormeciéndole a la manera de torpedo, ¿le hemos causado algún daño?
MENÓN: Pienso que no.
SÓCRATES: Por el contrario; le hemos puesto, a mi parecer, en mejor disposición para descubrir la verdad. Porque ahora, aunque no sepa la cosa, la buscará con gusto; mientras que antes hubiera dicho con mucho desenfado, delante de muchas personas y creyendo explicarse perfectamente, que el espacio doble debe formarse con una línea doble en longitud.
MENÓN: Así sería.
SÓCRATES: ¿Piensas que hubiera intentado indagar y aprender lo que él creía saber ya, aunque no lo supiese, antes de haber llegado a dudar; si convencido de su ignorancia, no se le hubiera puesto en posición de desear saberlo?
MENÓN: Yo no lo pienso, Sócrates.
SÓCRATES: El adormecimiento le ha sido, pues, ventajoso.
MENÓN: Me parece que sí.

mezcla con la visión de que la virtud lleva a éxito individual, se involucran los adherentes a las dificultades relacionadas".[10] Debido a la influencia de los sofistas y de la cultura griega, se pensaba que las virtudes eran situaciones aisladas en donde el sujeto hacía algo heroico, sin embargo, esta definición es insuficiente para Sócrates, quien busca tener una clara idea de lo que es la definición de la virtud, más que estar sujeto a las consecuencias o condiciones que rodean al sujeto.

> Dejaría Sócrates de ser lo que siempre fue: el que se ufana apenas de saber que nada sabe, si contradijera de plano el aserto de su interlocutor. No lo hace, además, porque de su ética —en todo caso de la de Platón— no está de ningún modo eliminada la pasión de mandar. De suyo es noble y legítima, y todo lo que hace falta es comprender que el gobierno de los hombres no es como el de cualquier rebaño, sino que debe ser un "buen gobierno", es decir, de acuerdo con la justicia [...] no es tan sólo la administración de la justicia, sino que debe extenderse a hacer "mejores", en todos sentidos, a los ciudadanos, lo que supone por fuerza una reforma moral, y por tanto, el conocimiento de la virtud. En esto radica, en efecto, la diferencia entre pastorear un rebaño de animales y gobernar una sociedad humana: lo primero es por la utilidad del dueño, y lo segundo, en cambio, por el provecho y bien no del gobernante, sino de los gobernados [...]. Pero si de lo que se trata es de cuidar de los hombres, y en el

---

SÓCRATES: Repara ahora cómo, partiendo de esta duda, va a descubrir la cosa, indagando conmigo; aunque yo no haré más que interrogarle, sin enseñarle nada. Observa bien por si llegas a sorprenderme enseñándole o explicándole algo; en una palabra, haciendo otra cosa que preguntarle lo que piensa [...].
SÓCRATES: El que ignora, tiene, por lo tanto, en sí mismo opiniones verdaderas relativas a lo mismo que ignora.
MENÓN: Al parecer.
SÓCRATES: Estas opiniones llegan a despertarse, como un sueño; y si se le interroga muchas veces y de diversas maneras sobre los mismos objetos, ¿crees que al fin no se adquirirá un conocimiento que será lo más exacto posible?
MENÓN: Es verosímil.
SÓCRATES: De esta manera sabrá, sin haber aprendido de nadie, por medio de simples interrogaciones, y sacando así la ciencia de su propio fondo.
MENÓN: Sí" (*Menón*, 84c-86b).

[10] Alasdair MacIntyre, *After Virtue: A Study in Moral Theory*, p. 139.

hombre lo principal no es el cuerpo, sino el alma, el buen gobierno resultará ser, en suma, una forma del "cuidado del alma" en lo cual ha cifrado Sócrates, en su apología, todo el sentido de su misión [...] invoca el precepto contenido en la inscripción lapidaria del santuario déltico: el "conócete a ti mismo", como el principio y fundamento de toda reforma moral, que ha de empezar, naturalmente, en el alma del gobernante [...]. Al conocimiento de sí mismo lo llama Sócrates *sophrosyne*.[11] Por ser éste uno de los términos fundamentales no sólo en la ética de Platón, sino en la concepción helénica de la vida espiritual, creemos necesario esclarecer su significación, hasta donde sea posible, antes de seguir adelante.[12]

El caso más claro es en el diálogo de *Menón*, en donde se busca definir qué es la virtud, y si ésta puede ser enseñada o es innata, si se aprende entonces es necesario conocer su ciencia o meramente por opiniones[13] es suficiente, dado que la virtud es también útil para el hombre al hacer bien las cosas desde su intención hasta sus actos.

Siendo las virtudes tan extensas y variadas, no puede decirse que para unas cosas hay virtud y para otras no, sino que sin importar el tiempo y el espacio, la virtud es la misma siempre y para todos, no puede ser algo relativo.[14]

---

[11] Significa de dos modos que denotan tanto la perspicacia intelectual como la salud moral: "Pero al lado de esta primera acepción, y porque todo ello va junto en la vida espiritual, la *sophrosyne* significa también, además del conocimiento, el dominio de sí mismo, sobre todo en los apetitos sensuales del amor y la gula, con lo que pasa a ser equivalente de la virtud cardinal de la templanza. Uno y otro aspecto, en fin, el general y el específico, se traducen, en el aspecto exterior o los ademanes de la conducta, en lo que los latinos llamaron *decorum*, y que es el continente grave y sereno que resulta del acuerdo interior del hombre consigo mismo" (Platón, *Protágoras* 349d).

[12] Antonio Gómez Robledo, *op. cit.*, pp. 98-99.

[13] "SÓCRATES: ¿Qué es lo que dices? Cuando la conjetura es verdadera y se persevera en ella, ¿no se llega siempre al objeto en cuanto uno se dirige por esta misma opinión?" (Platón, *Menón*, 97c).

[14] "Gran fortuna es la mía, Menón; porque, cuando sólo voy en busca de una sola virtud; me encuentro con todo un enjambre de ellas. Pero sirviéndome de esta imagen, tomada de los enjambres, si habiéndote preguntado cuál es la naturaleza de la abeja, y respondiéndome tú, que hay muchas abejas y de muchas especies; qué me hubieras contestado si entonces te hubiera yo dicho: ¿es a causa de su calidad de abejas por lo que dices que existen en gran número, que son de muchas especies y diferentes entre sí?, ¿o no difieren en nada como abejas, y sí en razón de otros conceptos, por ejemplo, de la belleza, de la magnitud o de otras cualidades semejantes? [...] Pues lo mismo sucede con las virtudes. Aunque haya muchas y de muchas especies, todas tienen una esencia

Debido a que nadie quiere que le hagan un mal, no es posible desear algo malo por lo que las virtudes no pueden caer bajo una perspectiva relativista, debido a que nadie puede querer el mal sin un bien que vea de por medio. Por lo que el tema de la virtud debe estar muy bien definido, sin caer en abstracciones confusas que nos impiden reconocerlas.[15]

Virtuoso no es aquel que sólo desea y obtiene cosas buenas, sino que es quien por practicar el bien (la virtud) consigue hacer el bien. No se trata de tener bienes como el dinero, sino de haberlos conseguido justamente, es decir, por medio de la virtud de la justicia.[16]

---

común, mediante la que son virtudes [...]. Luego todos los hombres son virtuosos de la misma manera; puesto que lo son mediante la posesión de las mismas cosas" (72a-e).

[15] "MENÓN: Me parece, Sócrates, que la virtud consiste, como dice el poeta, en complacerse con las cosas bellas y poder adquirirlas. Así, yo llamo virtud la disposición de un hombre, que desea las cosas bellas y puede procurarse su goce.

SÓCRATES: Desear las cosas bellas, ¿es en tu concepto desear las cosas buenas? [...] ¿Es que hay hombres que desean cosas malas, mientras que otros desean las buenas? ¿No te parece, querido mío, que todos desean lo que es bueno?

MENÓN: De ninguna manera.

SÓCRATES: ¿Luego a tu juicio algunos desean lo que es malo? [...] ¿Quieres decir que miran entonces lo malo como bueno; o que, conociéndolo como malo, no cesan de desearlo? [...] ¿Crees que un hombre, conociendo el mal como mal, puede verse inclinado a desearlo?

MENÓN: Sí.

SÓCRATES: ¿A qué llamas tú desear? ¿Es desear la adquisición de alguna cosa? [...] Por lo tanto, es evidente que no desean el mal, puesto que no le conocen como mal; sino que desean lo que tienen por un bien, y que realmente es un mal. De suerte que los que ignoraban que una cosa es mala, y la creen buena, desean manifiestamente el bien. ¿No es así? [...] Pero los otros, que desean el mal, según tú dices, y que están persuadidos de que el mal daña a la persona en quien se encuentra, conocen sin duda que le será dañoso [...]. ¿Y no crees que aquellos, a quienes daña, tienen derecho a quejarse, en razón de ese mismo daño que reciben? [...] ¿Y que en tanto que tienen motivo para quejarse, se los considera desgraciados? [...] ¿Pero hay alguno que quiera tener de qué quejarse y ser desgraciado? [...] Si, pues, nadie quiere eso, es claro que nadie quiere el mal. En efecto, ser miserable ¿qué otra cosa es que desear el mal y procurárselo?

MENÓN: Parece que tienes razón, Sócrates; nadie quiere el mal" (77b-e).

[16] "SÓCRATES: Por lo tanto, la virtud en este concepto no parece ser otra cosa que el poder de procurarse el bien [...] ¿No llamas bienes a la salud, la riqueza, la posesión del oro y de la plata, los honores y dignidades de la República? ¿Das el nombre de bienes a otras cosas que a éstas? [...] Procurarse el oro y la plata es la virtud, por lo que dice Menón, el huésped del gran rey por su padre. ¿Añades algo a esta adquisición, como que sea justa y santa? ¿O tienes esto por indiferente; y esta adquisición, aun cuando sea injusta, no dejará de ser una virtud en tu opinión?

MENÓN: Nada de eso, Sócrates; eso será un vicio.

De la misma manera que Sócrates dialoga con Menón para distinguir con claridad qué es una virtud, se hará en esta investigación, para evitar confusiones que nos impidan distinguir lo que parece tan claro como lo es la virtud y el vicio:

> SÓCRATES: Porque si llevo la duda al espíritu de los demás, no es porque yo sepa más que ellos, sino todo lo contrario; pues yo dudo más que nadie, y así es como hago dudar a los demás. Ahora mismo, con relación a la virtud, yo no sé lo que es; y tú quizá lo sabías antes de hablar conmigo; pero en este momento parece que tampoco lo sabes. Sin embargo, quiero examinar y buscar contigo lo que pueda ser (80d).[17]

Así como en las matemáticas las cosas nos parecen muy razonables porque son evidentes, Sócrates pretende utilizar la geometría para llegar a la definición de virtud, por ser este concepto algo sencillo de comprender y, por ende, cualquiera puede entenderla para actuar de manera virtuosa.[18]

SÓCRATES: Luego, a lo que parece, es absolutamente necesario que la justicia, o la templanza, o la santidad, o cualquiera otra parte de la virtud se muestren en esta adquisición; sin lo que no será virtud, aunque nos procure bienes" (78a-79a).

[17] "SÓCRATES: No es posible al hombre indagar lo que sabe, ni lo que no sabe. No indagará lo que sabe, porque ya lo sabe; y por lo mismo no tiene necesidad de indagación; ni indagará lo que no sabe, por la razón de que no sabe lo que ha de indagar" (80e).

[18] "SÓCRATES (preguntando a un esclavo): Dime, joven; ¿sabes que esto es un cuadrado?
ESCLAVO: Sí.
SÓCRATES: El espacio cuadrado, ¿no es aquél que tiene iguales las cuatro líneas que ves?
ESCLAVO: Seguramente.
SÓCRATES: ¿No tiene también estas otras líneas, tiradas por medio, iguales?
ESCLAVO: Sí.
SÓCRATES: ¿No puede haber un espacio semejante más grande o más pequeño?
ESCLAVO: Sin duda.
SÓCRATES: Si este lado fuese de dos pies y éste otro también de dos pies, ¿cuántos pies tendría el todo? Considéralo antes de esta manera. Si este lado fuese de dos pies y éste de un pie solo, ¿no es cierto que el espacio tendría una vez dos pies?
ESCLAVO: Sí, Sócrates.
SÓCRATES: Pero como este otro lado es igualmente de dos pies, ¿no tendrá el espacio dos veces dos?
ESCLAVO: Sí.
SÓCRATES: ¿Luego el espacio tiene dos veces dos pies?
ESCLAVO: Sí.
SÓCRATES: ¿Cuántos son dos veces dos pies? Dímelo después de haberlos contado.

Sócrates: Esto es lo que a mí se me ocurre también. A la verdad, yo no podré afirmar muy positivamente que todo lo demás que he dicho sea verdadero; pero estoy dispuesto a sostener con palabras y con hechos, si soy capaz de ello que la persuasión de que es preciso indagar lo que no se sabe, nos hará sin comparación mejores, más resueltos y menos perezosos, que si pensáramos que era imposible descubrir lo que ignoramos, e inútil buscarlo (86c).

Ahora bien, ya que identificamos que la virtud es algo que se debe entender por sí sola, sin comparaciones, es importante comprender si ésta se puede enseñar o ya se tiene por naturaleza, es decir, si la virtud es adquirida o es innata. Puesto que "por medio de la virtud somos buenos" (87d). Sin embargo, el ser bueno no debe confundirse con la utilidad, es decir, que al ser virtuoso soy bueno porque el resultado es benéfico o útil para nosotros y los demás. El bien no puede ser utilidad meramente, sino que debe ir más allá de la consecuencia. Sin embargo, la virtud se puede reconocer por la acción misma, es decir, la intención de quien actúa y no por sus consecuencias, por lo que la virtud se mide desde la intención buena y, por ende, su resultado será bueno: el alma sabia gobierna bien; y la imprudente gobierna mal.[19] Sócrates concluye que la virtud es un don de Dios, que si es recibido por alguien sólo puede ser comunicada dicha habilidad como simple opinión y nada más.[20] Platón, en su agenda personal, no separa la virtud de la política, en donde el hombre virtuoso

---

Esclavo: Cuatro, Sócrates.
Sócrates: ¿No podría formarse un espacio doble que éste y del todo semejante, teniendo como él todas sus líneas iguales?
Esclavo: Sí.
Sócrates: ¿Cuántos pies tendría?
Esclavo: Ocho.
Sócrates: Vamos; procura decirme cuál es la longitud de cada línea de este otro cuadrado. Las de éste son de dos pies. ¿De cuánto serán las del cuadrado doble?
Esclavo: Es evidente, Sócrates, que serán dobles" (82b-84a).

[19] "Entonces concluyamos ahora que la virtud es discernimiento, ya todo o parte de él" (89a).

[20] "Sócrates: Resulta, por consiguiente, de este razonamiento, Menón, que la virtud viene por un don de Dios a los que la poseen. Pero nosotros no sabremos la verdad sobre esta materia, sino cuando, antes de examinar cómo la virtud se encuentra en los hombres, emprendamos indagar lo que ella es en sí misma" (100c).

es un ciudadano virtuoso.[21] No importa de dónde sea el ciudadano, mientras lo sea del mundo siendo virtuoso.

Aristóteles, contrario a la opinión socrática, escribe un libro detallando la ciencia de la ética como una guía para ser feliz, dedicada a su hijo Nicómaco. Éste es el primer tratado acerca de las virtudes y su adquisición. La Ética es una ciencia más y, como toda ciencia, busca un fin y se encuentra dirigida a él.[22] Por ello, el hombre busca la felicidad, no por lo que produce, sino por sí misma. Entonces, es necesario que sea reconocido por la inteligencia, y no sólo como una mera acción realizada una sola vez,[23] como dice el filósofo: "Una golondrina no hace verano", es decir, que la virtud no es una acción aislada, sino que debe ser reconocida por la inteligencia, querida por la voluntad y puesta en práctica de manera recurrente. Tanto así que una persona con cualquier acción recurrente le decimos *virtuosa*, como lo podría ser un pianista, no es bueno sólo por una vez que haya tocado el piano, sino porque ha practicado.

Aristóteles responde con un detallado análisis del acto voluntario, en que deja en claro que puede considerarse voluntario todo acto procedente de uno de estos tres principios: apetito en sus tres modalidades: voluntad, impulso agresivo y deseo de placer; propósito deliberado y pensamiento; en consecuencia, los actos realizados a instancias del deseo son voluntarios, tanto más si se considera que el placer y el dolor ordinariamente no ejercen un influjo irresistible, de manera que está en nuestro poder realizar o no la acción a que ellos impulsan. Somos por tanto responsables de la formación de nuestras disposiciones,

---

[21] *cfr.* Alasdair MacIntyre, *After Virtue...*, p. 141.

[22] "Todo arte y toda investigación e, igualmente, toda acción y libre elección parecen tender a algún bien; por esto se ha manifestado, con razón, que el bien es aquello hacia lo que todas las cosas tienden" (1094a).

[23] "Si, entonces, la función propia del hombre es una actividad del alma según la razón, o que implica la razón, y si, por otra parte, decimos que esta función es específicamente propia del hombre y del hombre bueno, como el tocar la cítara es propio de un citarista y de un buen citarista, y así en todo añadiéndose a la obra la excelencia queda la virtud (pues es propio de un citarista tocar la cítara y del buen citarista tocarla bien), siendo esto así, decimos que la función del hombre es una cierta vida, y ésta es una actividad del alma y unas acciones razonables, y la del hombre bueno estas mismas cosas bien y hermosamente, y cada uno se realiza bien según su propia virtud; y si esto es así, resulta que el bien del hombre es una actividad del alma de acuerdo con la virtud, y si las virtudes son varias, de acuerdo con la mejor y más perfecta, y además en una vida entera" (1098a).

y de que el bien y el mal nos aparezca de una determinada manera, lo que no impide que esas disposiciones, una vez adquiridas responsablemente, no sean fáciles de quitar.[24]

La virtud no sólo es una disposición que lleva al hombre a actuar bien, sino a tener buenos sentimientos.[25] No basta la virtud en cuanto a la dirección de la racionalidad sobre el resto de las facultades, sino que también se deben incluir los sentimientos, como lo resalta MacIntyre: la educación moral es la educación sentimental.

En la *Retórica*, Aristóteles habla de lo que se dice del virtuoso en el discurso epidíctico, el cual elogia o censura, y la describe con estas características:

- Las virtudes son quien las practica y todas las acciones que derivan de ella
- Por beneficio a los demás o por provecho propio
- Los actos contrarios a la vergüenza
- Se contiende sin temor
- La victoria y la fama
- Las posesiones improductivas más propias del hombre libre
- Lo propio del hombre libre es no vivir para otro (Aristóteles, *Retórica*, 1362b).

Tanto la virtud como el vicio son acciones que elegimos libremente, y somos responsables por cada una de ellas. "La virtud moral es hábito electivo, tanto porque su ámbito es aquél donde cabe deliberación y elección, cuanto porque su acto propio es la elección recta, de manera que 'la elección parece ser el elemento más esencial de la virtud; y ella, mucho mejor que las acciones mismas del agente, nos permite apreciar las cualidades morales de éste'".[26] Es la virtud lo que lleva al hombre a hacer el bien y a perfeccionarlo, siendo así feliz.

---

[24] Ángel Rodríguez Luño, *op. cit.*, p. 214.

[25] *cfr.* Alasdair MacIntyre, *After Virtue...*, p. 149.

[26] Ángel Rodríguez Luño, *op. cit.*, p. 215.

La felicidad se encuentra relacionada con la virtud, pues "el hombre feliz vive bien y obra bien" (1098b) siendo así que no sólo es pensar bien, sino también hacerlo: "buena vida y buena conducta" (1098b). Quienes practican la virtud son felices, no porque se posea algo, sino porque "en la vida los que actúan rectamente alcanzan las cosas buenas y hermosas; y la vida de éstos es por sí misma agradable" (1099a). Siendo así que quienes aman lo bueno son capaces de reconocer el bien y tender a él: "La felicidad, por consiguiente, es lo mejor, lo más hermoso y lo más agradable" (1099a). La felicidad es una acción que se practica, más que por ser algo dado por los dioses, porque lo mejor proviene de la virtud (1099b), "pues la felicidad requiere, como dijimos, una virtud perfecta y una vida entera" (1100a).

La virtud entonces es una acción que dura toda la vida y debe ser ejercida siempre, por lo que ésta no es una acción espontánea, sino que es firme y constante.[27] No importará al hombre virtuoso si los acontecimientos son buenos o malos, de cualquier forma, por su nobleza será capaz de enfrentarlos y soportarlos: "Que el hombre verdaderamente bueno y prudente soporta dignamente todas las vicisitudes de la fortuna y actúa siempre de la mejor manera posible, en cualquier circunstancia" (1101a).[28]

La virtud no puede pertenecer a cualquier ser, sino sólo a los seres racionales, ya que se necesita conocerla y quererla para actuar conforme a la felicidad y el medio es la virtud. En cambio, un hábito se conoce y se quiere pero no tiene un sentido trascendente como lo tiene la virtud, he aquí la diferencia entre uno y otro. "Existen, pues, dos clases de virtud, la dianoética y la ética.

---

[27] "[...] en ninguna obra humana hay tanta estabilidad como en las actividades virtuosas, que parecen más firmes, incluso, que las ciencias; y las más valiosas de ellas son más firmes, porque los hombres virtuosos viven sobre todo y más continuamente de acuerdo con ellas. Y ésta parece ser la razón por la cual no las olvidamos. Lo que buscamos, entonces, pertenecerá al hombre feliz, y será feliz toda su vida; pues siempre o preferentemente hará y contemplará lo que es conforme a la virtud, y soportará las vicisitudes de la vida lo más noblemente y con moderación en toda circunstancia el que es verdaderamente bueno y cuadrilátero sin tacha" (1100b).

[28] "[...] así, el hombre feliz jamás será desgraciado, aunque tampoco venturoso, si cae en los infortunios de Príamo. Pero no será inconstante ni tornadizo, pues no se apartará fácilmente de la felicidad, ni por los infortunios que sobrevengan, a no ser grandes y muchos, después de los cuales no volverá a ser feliz en breve tiempo, sino, en todo caso, tras un período largo y duradero, en el que se haya hecho dueño de grandes y hermosos bienes" (1101a).

La dianoética se origina y crece principalmente por la enseñanza, y por ello requiere experiencia y tiempo; la ética, en cambio, procede de la costumbre, como lo indica el nombre que varía ligeramente del de costumbre" (1103a).

Siendo así que las virtudes se perfeccionan por la práctica, es decir, por la costumbre, éstas no son innatas ni tampoco un don divino como lo afirmaba Sócrates. Las virtudes se practican: "Adquirimos primero la capacidad y luego ejercemos las actividades [...] pues lo que hay que hacer después de haber aprendido, lo aprendemos haciéndolo" (1103a).

La virtud es el justo medio entre dos opuestos, tal como en la naturaleza se encuentra el equilibrio. "La virtud moral no consiste, pues, ni en vivir según la máxima del placer ni en evitar todo movimiento en pos de lo agradable, sino en encontrar un justo medio que no exceda la medida de la razón ni por exceso ni por defecto: la virtud está en el medio".[29]

El estudio de las virtudes incluye a la persona por completo y no sólo como una parte: "Además, si las virtudes están relacionadas con las acciones y pasiones, y el placer y el dolor acompañan a toda pasión, entonces por esta razón también la virtud estará relacionada con los placeres y dolores" (1104b).

Dado que Aristóteles es quien hizo el sistema de las virtudes, tomaremos como base la *Ética nicomáquea* para tratar cada virtud desde el justo medio entre dos opuestos: defecto y exceso. "La virtud moral, en cuanto modera las pasiones y su fluir en la actividad práctica de la razón, permite una recta estimación de la bondad o malicia de las acciones particulares, mientras que el vicio impide que el conocimiento universal se extienda hasta los objetivos concretos de nuestras acciones".[30]

San Agustín, al tratar las virtudes, observa que tienen la cualidad substancial,[31] la cual se define como el camino que conduce a la verdadera felicidad,

---

[29] Ángel Rodríguez Luño, *op. cit.*, p. 218.

[30] *Idem.*

[31] No tanto una substancia en sí misma. "Un tipo de cualidad que llamamos hábitos y condiciones. Un hábito difiere de la condición de ser más estable y duradero. Tal es el conocimiento de las virtudes. La justicia, la templanza y el resto son difíciles de cambiar". John G. Prendiville, *The Development of the Idea of Habit in the Thought of Saint Augustine*, p. 1.

su definición no es otra que un perfecto amor a Dios.[32] Siendo así que el hábito es el único obstáculo entre el hombre y Dios.[33] En cambio, santo Tomás de Aquino decía que la virtud "es lo máximo a lo que puede aspirar el hombre, o sea, la realización de las posibilidades humanas".[34] Sin embargo, muchas de las cosas que hacemos no caen en algo moral, sino que simplemente son acciones comunes, como lavarse los dientes, caminar, hablar, etc. Son acciones que nos hacen ser de un modo determinado, ya sea que adquirimos hábitos desde pequeños o los acabamos por adquirir, la repetición constante de un acto por medio de un estímulo externo no basta para ser un hábito, esto sería más bien una costumbre.

La diferencia entre hacer algo por costumbre o por hábito es que a pesar de la repetición de acciones concretas, la primera está impuesta por una autoridad o algo externo y se hace sin pensar en ello. En cambio, el hábito es algo tan arraigado a uno mismo que cambia el comportamiento si no se hace del mismo modo (cuando se olvida el celular, es como estar desnudo). Son acciones individuales que no se encuentran en una colectividad sino que es un rasgo característico personal.

La educación sobre hábitos se recibe desde niños, y con el paso del tiempo se olvida cómo es que se llegan a hacer las cosas como se hacen. Constantemente las madres dictaban los comportamientos: levantarse de la cama, recoger y guardar lo que está fuera de lugar, etc. Son acciones que constantemente requerían de un recordatorio. Al obedecer a la autoridad se recibe una felicitación, además de que había una aceptación por parte de ella. Este proceso constantemente aparece en los hábitos: se tiene una señal (juguetes en el piso), una rutina (levantar los juguetes), recompensa (felicitación de mamá).[35] Si esto se lleva a cada aspecto de la vida, los padres enseñan muchos hábitos, los cuales ya no se piensan al realizarse, simplemente se ejecutan. Si se busca

---

[32] Siervas de los Corazones Traspasados de Jesús y María, "Las virtudes morales-cardinales (Las costumbres de la Iglesia católica, cap. 15, 19, 22, 24, 25) A-DEO/VIRTUDES/Ag", en *Santos y teología del corazón: san Agustín de Hipona. Virtudes cardinales/morales.* www.corazones.org/santos/agustin2.htm

[33] John G. Prendiville, *op. cit.*, p. 56.

[34] Josef Pieper, *Las virtudes fundamentales*, p. 15.

[35] Modelo tomado de Charles Duhigg de *El poder de los hábitos.*

tener hábitos, basta con estar convencidos de que se puede lograr, hacerlo repetidamente y recibir una recompensa por ello (sentirse bien y satisfecho de lograrlo). Por ejemplo: si se piensa en fumar, surge el ansia o estrés y es identificado como tal. La señal es el cigarro, sirve como relajante, se fuma (rutina) y se recibe la recompensa al estar más tranquilo el sujeto (véase figura 1).

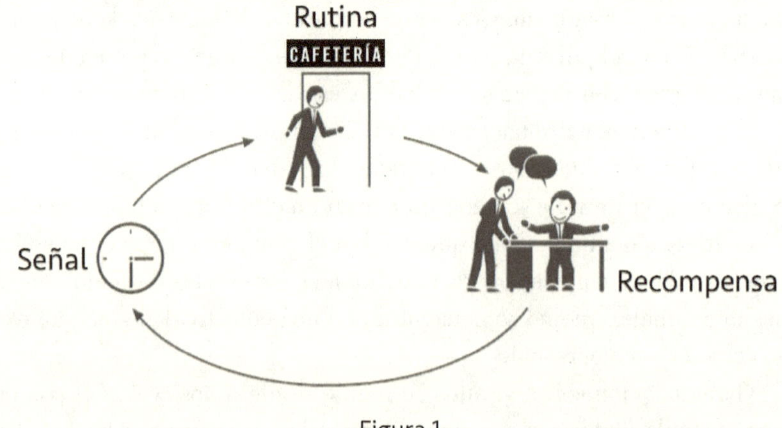

Figura 1.

El problema es que se queda como un mero conductismo, hay que saber qué hacer y querer elevar la costumbre a hábito. Si se educa por medio de este sistema en cualquier virtud que se proponga, sería una educación de fondo, al saber lo que implica la acción y sus consecuencias de querer el resultado, razón por la cual se sigue dicha acción, es decir, no sólo son conceptos sin significado personal.

Los hábitos se vuelven algo indispensable para uno mismo, pero que, a su vez, si uno se da cuenta de su valor moral (bien y mal) se vuelven superiores a cualquier hábito. Pero no todo hábito es bueno. Hay hábitos que afectan directamente a la salud (como la pereza, fumar, insultar, etc.), tienen una implicación negativa a cualquier facultad del hombre (cuerpo, inteligencia o voluntad), por lo que adquieren un valor moral, y si son buenos, quienes los ejecutan se hacen mejores personas. Los hábitos que nos interesa analizar son aquellos que son moralmente buenos porque perfeccionan al sujeto que los posee, me refiero a las virtudes.

Dentro de los hábitos existen dos tipos: unos buenos y otros malos. Los primeros mantienen la armonía entre las facultades humanas (inteligencia, voluntad, pasiones, sentidos); los segundos la impiden (no nos dejan pensar, actuar o querer correctamente) ya que causan obsesión, compulsión y evasión. Se conocen a las personas, no sólo por sus rasgos físicos, sino por sus hábitos, sean buenos o malos (pensemos en una descripción que hacemos de un sujeto). Por ejemplo: si es puntual o es ordenado, o es amable, etc. Adjetivos calificativos hay muchos, pero todos ellos coinciden con un hábito dominante que se tiene: la virtud, o la buena cualidad mental, por la que se vive rectamente y de la que nadie hace un mal uso,[36] como lo dice san Agustín,[37] y no por sus vicios o defectos.

3. La importancia de los amigos

El apoyo y la creencia de que se puede mejorar es determinante para dejar vicios y adquirir virtudes. Tener hábitos también puede ser menguado por un suceso que hace que cambie la propia rutina por lo que es un riesgo el alcohólico en recuperación que recaiga ante una pérdida emocional. Los amigos se caracterizan porque son quienes procuran el bien para uno mismo al tiempo que reciben el bien del otro, además de "deleitarse con su convivencia, y finalmente compartir con él sus alegrías y tristezas".[38]

Más que una costumbre, el hábito se logra por fuerza de voluntad y en la capacidad de reconocer la situación y decidir no caer en la tentación, es decir, ser dueño de las propias acciones. Del mismo modo, una situación radical

---

[36] *cfr.* Viviana Catalina Lapel Salcedo, *La noción de virtud en Leonardo Polo*, pp. 14-15.

[37] "La palabra virtud proviene del vocablo latino *virtus* que equivale al término *vis*, cuyo sentido es 'fuerza' [...] significa un hábito adquirido que perfecciona o refuerza a alguna potencia activa [...] éstas no sólo tienen una aceptación moral sino son también tomadas como habilidades técnicas e intelectuales". Antonio Millán-Puelles, *Léxico filosófico*, p. 594.

[38] Jesús García López, *op. cit.*, p. 165.

puede ser aprovechada de manera oportuna para que surjan los hábitos correctos,[39] por ejemplo: los líderes.

Los buenos líderes aprovechan las crisis para rehacer los hábitos de una organización. Los administradores de la NASA, por ejemplo, intentaron durante años mejorar los hábitos de seguridad de la agencia, pero sus intentos no tuvieron éxito hasta que explotó la nave espacial *Challenger*, en 1968. Tras esta tragedia, la organización consiguió superar los obstáculos para replantearse normas de calidad más exigentes.[40]

Tanto los logros como las crisis llevan a adquirir nuevos hábitos, pero también son necesarios tanto una convicción como un grupo de apoyo para lograrlo, es por eso que las amistades ayudan a adquirirlos gracias a los fuertes vínculos. Así, dan un sentido de identidad y el sentimiento de pertenecer a algo. Ésa es la razón que nos llena cada vez que se realiza algo propio del grupo al que pertenecemos.

Se pueden considerar los patrones de conducta "como hábitos, pero eso es lo que son: conductas automáticas tan arraigadas en nuestro sistema nervioso que, según muestran los estudios, pueden ocurrir casi sin estímulo de las zonas superiores del cerebro",[41] Aristóteles habló de los hábitos como algo importante en el hombre, aparte de su capacidad de pensar y amar, los hábitos son aquellos que llevan a expresar la propia humanidad cotidiana.

Pues bien, si, como se ha dicho, el hombre que ha de ser bueno debe ser bien educado y adquirir los hábitos apropiados, de tal manera que pueda vivir en buenas ocupaciones, y no hacer ni voluntaria ni involuntariamente lo que es malo, esto será alcanzado por aquellos que viven de acuerdo con cierta inteligencia y orden recto y que tengan fuerza (Aristóteles, *EN*, 1180a).

---

[39] Charles Duhigg, *op. cit.*, p. 235.

[40] *Ibidem*, p. 260.

[41] Charles Duhigg, *op. cit.*, p. 361.

Es por medio de los hábitos, de actos concretos con los que el hombre muestra quién es, puesto que la acción es determinante para conocer el carácter de un hombre. Más tarde, Charles Duhigg retoma la importancia de los hábitos para tener éxito en la vida actual desde un punto de vista mecanicista, quedándose corto frente a la virtud:

> Cada hábito tiene una señal distinta y nos ofrece una recompensa única [...]. Pero todos los hábitos, por complejos que sean, son maleables [...]. Sin embargo, para modificar un hábito, has de decidir cambiarlo. Has de aceptar conscientemente el duro trabajo de identificar las señales y recompensas que dirigen las rutinas de los hábitos, y encontrar alternativas.[42]

Es así que adquirir un hábito será difícil al principio, pero con la práctica y la recompensa, se pueden dar intenciones a las acciones para ser cada vez mejores, son aquellas acciones diarias que realiza la persona, las cuales hace falta volverlas conscientes para encontrar su sentido.

Siendo así, que los amigos buscan el bien del otro, en ese bien la amistad procuraría las virtudes y no los vicios. Un buen amigo busca perfeccionarse en la amistad con los otros por medio de las virtudes, sin corromperse en la procuración de los vicios.

4. Justo medio: la virtud

La virtud es lo que se describe como lo más alto en el hombre, aquello que lo hace ser excelente, Pieper define la virtud de la siguiente manera: "Es tal que realiza el bien obedeciendo a sus inclinaciones más íntimas",[43] sin que le falte y tampoco sin excederse. Todo en esta vida lleva un equilibrio entre dos extremos: defecto o exceso, por ejemplo: cuando se come, si uno come de más se siente mal, y si come menos de lo que debería, se queda con hambre;

---

[42] *Ibidem*, pp. 381-382.

[43] Joseph Pieper, *op. cit.*, p. 15.

cualquiera de estos dos casos llevan a un estado negativo con relación a las facultades (por tener hambre no se piensa ni actúa adecuadamente, y cuando se sobrepasa no se piensa ni actúa ágilmente), en vez de estar en un óptimo estado cuando es la justa ración de comida para poder saciar la propia hambre, sin sobrepasarse para actuar correctamente (pensando y actuando).

> Así pues, tres son las disposiciones, y de ellas, dos vicios —uno por exceso y otro por defecto— y una virtud, la del término medio; y todas, se oponen entre sí de cierta manera; pues las extremas son contrarias a la intermedia y entre sí, y la intermedia es contraria a las extremas. Pues, así como lo igual es mayor en relación con lo menor y menor con respecto a lo mayor, así, también, en las pasiones y en las acciones, los modos de ser intermedios son excesivos por lo que respecta a los deficientes, y deficientes, en cuanto a los excesivos (Aristóteles, *EN*, 1108b).

De modo que la virtud se halla en dos extremos que coinciden en ser viciosos tanto en el exceso como en el defecto, por ejemplo: entre la temeridad y la cobardía, que coinciden en ser vicios, está el justo medio que es la valentía.[44] Como lo expone san Agustín al saber distinguir entre un vicio de una virtud:

> La constancia es, sin duda, una virtud; la inconstancia, su polo opuesto; sin embargo, hay un vicio, la terquedad, que tiene cierto parecido con la constancia. ¡Ojalá carezcas de este vicio cuando reconozcas la verdad de esto que digo! Lo malo es que piensas amar la constancia cuando con pertinacia defiendes el error y permaneces en él. Hay vicios que son palmariamente opuestos a las virtudes, como lo es la temeridad a la prudencia; pero hay especies de vicios que son capaces de engañar por sus apariencias de verdad, como lo es, en relación con la prudencia, no la temeridad o la imprudencia, sino la astucia, y, sin embargo, es un vicio.[45]

---

44 *cfr.* Antonio Millán-Puelles, *op. cit.*, p. 601.

45 San Agustín, *Réplica a Juliano*. Libro IV, III, 20. Trad. Luis Arias Álvarez. www.augustinus.it/spagnolo/contro_giuliano/contro_giuliano_4.htm

Tener un vicio, sea por exceso o por defecto, corrompe a la persona, al sujeto que lo realiza, llevándolo a perder el fin al que busca: ser feliz sin importar las circunstancias, ni la situación en la que se encuentre al dejarse llevar por los momentos. Para Aristóteles la ética conlleva un razonamiento silogístico, en donde la inteligencia predomina sobre cada situación para encontrar el mejor resultado posible en cuatro pasos:[46]

1. Las metas y fines presupuestos por el agente, mas no expresados por éste.
2. La asertividad de ver lo que sucedería o no de algo que es bueno o necesario de algo específico.
3. Confiar en un juicio como precepto acierta en dicha instancia u ocasión de una especie de requisito.
4. La acción misma.

Es necesaria la educación de las pasiones, ésta debe estar en conformidad con el fin que pretende el agente, con la acción correcta en el tiempo adecuado y en las mejores circunstancias.

En la Edad Media, santo Tomás, al definir cada una de las virtudes, lo hizo por medio de un elemento atendido por Aristóteles en la Ética nicomáquea como el justo medio,[47] dado que la virtud es el punto medio entre dos extremos igualmente malos: por exceso y por defecto. Por ejemplo: la virtud de la laboriosidad es el "justo medio" entre dos vicios: por defecto es la pereza; y por exceso el activismo, es decir, el excesivo trabajo que obsesionase e impidiera cumplir con otros compromisos igualmente importantes, como la salud y el descanso, la familia, la sociedad, etc. El término medio implica aquello que no sobra o que no falta, "aunque el fin de la virtud moral es alcanzar el justo

---

[46] Alasdair MacIntyre, *After Virtue...*, pp. 161-162.

[47] "El medio, cuando se trata de una cosa, es el punto que se encuentra a igual distancia de las dos extremidades, el cual es uno y el mismo en todos los casos. Pero cuando se trata del hombre, cuando se trata de nosotros, el medio es lo que no peca, ni por exceso, ni por defecto; y esta medida igual está muy distante de ser una ni la misma para todos los hombres" (Aristóteles, *EN*, 1106a, 29-32).

medio, éste solamente se logra mediante la recta disposición de los medios".[48] Es así como la virtud cobra un significado de medida, indica un orden para expresar lo que está entre dos vicios opuestos. La virtud se sitúa en el ámbito de la mesura y el equilibrio, y no la mediocridad. Es por esta razón que se necesita que la virtud logre el equilibrio entre el cuerpo y el alma. "La virtud es principio de la recta elección en cuanto influye dispositivamente en la rectitud del juicio práctico de la razón".[49]

El hombre está compuesto de cuerpo y alma, por lo que es necesario mantener atendido lo corporal (comer, dormir, hacer ejercicio, etc.) para que se pueda pensar, amar, actuar, etc.; todas las acciones de lo espiritual (inteligencia y voluntad). Para esto, no se debe dar prioridad a uno y abandonar el otro, sino que ambos deben estar en constante equilibrio para su buen funcionamiento, como decían los antiguos griegos: "Cuerpo sano, mente sana". Es por esto, que las virtudes ayudan a encontrar el equilibrio entre lo material y lo inmaterial, y esto se logra por medio del ejercicio de reconocer el justo medio entre dos polos opuestos viciosos de manera personal. Por lo que no supone un relativismo ni subjetivismo, sino saber medir dentro de cada singularidad el justo medio (lo que para unos podrá ser bueno no lo será para el otro),[50] sin pretender un centro ni tampoco una mediocridad en los propios actos. Cicerón habla del virtuoso como digno: "Llamaremos digno a aquello que es deseado por sí mismo, en su totalidad o parcialmente [...] la virtud, que puede ser definida como un comportamiento en armonía con la norma natural y la razón [...]. Incluye cuatro partes: sabiduría, justicia, valor y moderación".[51]

Cabe mencionar que no hay exceso de virtud que permanezca como bueno (no se puede ser muy honesto y hacer el bien), pues éste sería un vicio o debilidad;[52] tampoco hay un vicio moderado o mala costumbre (ser poco so-

---

[48] Santo Tomás de Aquino, *Summa Theologiae*, II-II, q. 47, a. 7. En adelante, la *Summa Theologiae* se abreviará en las referencias como *S. Th.*

[49] Ángel Rodríguez, *op. cit.*, p. 218.

[50] Antonio Millán-Puelles, *op. cit.*, p. 602.

[51] Marco Tulio Cicerón, *La invención de la retórica*, II, 159.

[52] "La debilidad es contraria a la virtud; la ignorancia, a la sabiduría; la malicia, a la bondad". San Agustín, "Cuestión 26. Diferencia específica de los pecados", en *Ochenta y tres cuestiones diversas*.

brio), ya que daña o corrompe al hombre al no realizar la virtud, por lo que no basta con desear ser bueno, sino que hay que serlo. En palabras de Boecio: "El malo lo hace por antojo, mientras el bueno lo hace por deseo".[53] Debido a que el bien se desea, sólo surgen bienes, en cambio quien hace mal por antojo es más desdichado ya que debe hacer el mal para saciarse de un bien que busca.

Tener virtudes permite al hombre ser libre y perfeccionarse al llevar a cabo su fin: ser feliz. Para esto, se puede educar a los hombres para ser felices, sin importar su condición, sexo o capacidad[54] para vivir la virtud.

5. Educar virtudes

Ahora bien, educar en virtudes lleva a la formación del carácter, pues dispone al sujeto que la opera a actuar rectamente, siendo éste el conjunto de hábitos y virtudes, tanto morales como intelectuales y técnicos, que conforman a una persona de manera única e individual en el modo de ser y actuar. Es así que el carácter es una estructura autoadquirida que determina al ser humano en todos los aspectos de su ser con la repetición de determinados actos. "Ésta es, como allí mismo dice Platón, la educación para la virtud: *paideia est aretis* la que persigue conjuntamente la formación del mejor hombre y del mejor ciudadano".[55] No

---

Retract., 1,26,27; S. Possid., *Indic.* 10,10. Q. 26. www.augustinus.it/spagnolo/ottantatre_questioni/ottantatre_questioni.htm

[53] Boecio, *De la consolación por la filosofía*, p. 90.

[54] Aristóteles afirmaba que las personas eran virtuosas por su naturaleza, fueran mujeres, esclavos o niños.

[55] Antonio Gómez Robledo, *op. cit.*, p. 14. Hemos de tomar en cuenta que para Platón el conocimiento de las virtudes parte de la ideal del Bien en la estancia del alma en el mundo de las ideas: "Que los regentes de la ciudad deben conocer estas virtudes, y poseerlas, además, en grado eminente, es cosa que va de suyo, dada la excelsitud y responsabilidad de su función. Sólo que — y esto es aquí lo nuevo e inesperado— en tanto que al común de los hombres le basta con tener de las virtudes el conocimiento empírico, bien que reducido a ciertos conceptos que de ellas se nos ofrecen en los primeros diálogos, o a lo más el conocimiento deductivo a que da lugar el estudio de las distintas partes del alma: la *areté* de cada una, tal conocimiento, sostiene Platón, es del todo insuficiente para quienes han de ser los guardianes de la ciudad y de las leyes. A estos hombres les será preciso, sin que en modo alguno puedan excusarse de ello, dar un rodeo o hacer un circuito más largo, a fin de verlas en su plena luz, es decir, subsumidas en la luz superior de un saber copie es de todos el más

puede el hombre disociarse de las virtudes según la circunstancia en las que se encuentre, sino que al ser virtuoso en cada instante y lugar las ejerce, porque no son accesorios, sino que son formas de ser. "Todo se vuelve al interior del carácter de la voluntad. Por ende, el carácter es la arena de las virtudes y los vicios, simplemente circunstancial, es externa a la voluntad. La verdadera arena de la moralidad es la voluntad y nada más que la voluntad".[56]

El hombre es pleno cuando físicamente se siente bien y mentalmente se encuentra bien. Esto es que el cuerpo y alma están en un estado óptimo para ser. Para lograr la plenitud es necesario que el cuerpo y alma estén unidos sustancialmente. Por lo que es preciso formar en conjunto, como unidad (cuerpo y alma), sin separarlos ni dejar desatendido cada elemento que conforma al hombre en armonía y equilibrio de su existencia. Integrando al cuerpo con sus pasiones del apetito irascible y concupiscible al dominio del espíritu, esto es que cada uno de los cinco sentidos externos (vista, tacto, gusto, oído y olfato) en conjunto con los sentidos internos (sentido común, imaginación, memoria, estimativa o cogitativa) estén alineados con las facultades del alma (inteligencia y voluntad). San Agustín relaciona los apetitos con cada una de las facultades del hombre, tanto espirituales como corporales, como cuatro tipos de amor:

> Por la concupiscibilidad y por la irascibilidad es capaz de apetecer y de rechazar algo, de amar y de odiar; y por eso de la racionalidad se origina toda la sensibilidad del alma, y toda afectividad sobre las cosas. Porque se distinguen cuatro clases de afecto:

1. Cuando gozamos ya de aquello que amamos, o esperamos gozarlo;
2. Cuando estamos dolidos ya por lo que odiamos o tenemos miedo de llegar a dolernos;
3. Y por eso de la concupiscibilidad proceden el gozo y la esperanza;
4. Y de la irascibilidad el dolor y el miedo.

---

importante". "A menudo me has oído decir que la idea del bien es el saber supremo, y que de la asociación con ella derivan su utilidad y su valor la justicia y las demás virtudes" (Platón, *Menón*, 505a).

[56] Alasdair MacIntyre, *After Virtue...*, p. 168.

Estos cuatro afectos del alma son los principales y como la materia común de todas las virtudes y de los vicios [...] Así pues, cuando se establecen el amor y el odio con prudencia, con modestia, con fortaleza, y con justicia, surgen las virtudes, que son prudencia, templanza, fortaleza y justicia, como principios y quicios de todas las virtudes del alma. Cuatro afectos. Cuatro virtudes.[57]

De tal modo, el hábito es aquella capacidad de alinear y unificar todas las facultades humanas a realizar la misma acción, digamos, coherencia entre lo que se piensa, siente, desea y hace la persona, siendo éstos los cuatro puntos de la virtud. San Agustín constantemente se encuentra con la mirada en lo que él llama "Ciudad de Dios", en donde el hombre será pleno:

Y cuando todo esto queda constituido en el alma afectuosa y virtuosamente, por el odio del mundo, y de sí mismo, se adelanta en el amor de Dios y del prójimo; y por el desprecio de las cosas temporales e inferiores, se crece en el deseo de las cosas eternas y superiores. Y como la sensibilidad en el alma es única [...] se diversifica a causa de los diversos ejercicios, que se llaman de muchas formas. Por ejemplo, se llaman sentido, imaginación, razón, entendimiento, inteligencia. Y todo esto no es otra cosa en el alma que ella misma; las propiedades son diferentes entre sí, a causa de los diversos ejercicios, pero una es la razón esencial y una el alma; realmente las propiedades son diversas, pero una la esencia; los ejercicios son muchos, en cambio según la esencia son una cosa en el alma y lo mismo que ella misma [...]. En efecto, la racionalidad se ejercita para alcanzar la sabiduría por medio de cinco progresiones, y para conseguir la caridad por medio de cuatro afectos; para que, al progresar el alma en sí misma por estas nueve progresiones, con el sentido y el afecto, como con cuatro pies cada uno, el alma que vive del espíritu... hasta la plenitud de la ciencia y hasta el reino de la caridad, y el alma por el ejercicio adquiera las virtudes, cuyas facultades tiene por naturaleza.[58]

---

[57] San Agustín, *El espíritu y el alma*, Cap. 4. Trad. Teodoro Calvo Madrid. www.augustinus.it/spagnolo/attribuiti_02/index2.htm

[58] San Agustín, *El espíritu y el alma*, Cap. 4.

Desde los griegos, y en especial con Aristóteles en su obra *Ética nicomáquea*, se estudiaron y clasificaron las virtudes. Más tarde la tradición católica las llamó virtudes cardinales porque de ellas penden todas las demás, y son las siguientes: prudencia, justicia, fortaleza y templanza. Les llamaron cardinales a estas virtudes pues, decían, nos ofrecen el gozne o "cardo" (bisagra) que sostiene la puerta que conduce a la felicidad. Santo Tomás las estudia desde una perspectiva teológica y las complementa en su obra *Suma teológica* (II-IIae, q. 47- 107).

Tal afirmación establece que la dificultad por la que no se puede ser virtuosos es debido a las divisiones de los sentidos con sus respectivos afectos. Sin embargo, tal división parece imposible para llegar a alcanzar las virtudes, pues tendría que alinear cada una de las facultades con sus correspondientes apetitos:

- La templanza gobierna sobre el apetito concupiscible.
- La fortaleza gobierna sobre el apetito irascible.
- La justicia gobierna sobre la voluntad.
- La prudencia gobierna sobre la inteligencia.

Para armonizar las pasiones al dominio del espíritu, se debe partir de la formación del carácter. A través del ejercicio de hábitos (actos repetitivos) elegidos libremente. Todo hábito realizado pertenece al sujeto que actúa integrando cada parte que lo compone: plena advertencia[59] (inteligencia) y pleno consentimiento[60] (voluntad), y el dominio de las pasiones, que le lleva a ac-

---

[59] *La advertencia:* es el ejercicio de la facultad racional mediante el cual la inteligencia percibe sobre la acción que va a realizar, o que ya está realizando, las concebibles consecuencias posibles. En torno a la virtud, se trata de la atención de la mente sobre el bien, la acción y las consecuencias. Ésta viene por el conocimiento del bien, entenderlo. Ignorar las causas de algún acto es cosa indudablemente muy distinta de ese acto libre; y desde luego, no siempre que desconocemos la razón por la que un hecho se explica decimos que es libre ese hecho o que alguien lo ha producido libremente. Conocemos en cada uno de sus casos concretos, los motivos en función de los cuales actuamos, y constituyen razones por las que actuamos libremente. Antonio Millán-Puelles, *op. cit.*, pp. 248 y 396.

[60] *Consentimiento:* querer hacer el bien propuesto. Es el ejercicio de la voluntad mediante el cual se quiere o no llevar a cabo una posible acción, o establecer una creencia como norma de acción, teniendo en cuenta la advertencia de la razón y la finalidad que se busca, el para qué actúo. De esta forma

tuar[61] conforme al bien elegido (el acto libre). Es por medio de la inteligencia que se ordenan los actos humanos, dirigiendo los apetitos sin perder de vista la trascendencia de los actos, por lo que actúa siguiendo el justo medio, éste es determinado por la razón en tanto la sabiduría y la prudencia como resultado del conocimiento de lo superior y la acción de lo inferior.[62] Es por esta razón que cada una de las facultades deben ser plenas para la acción virtuosa, si una de ellas no se encuentra en plenitud, la virtud no podrá ser ejercida. San Agustín relaciona cada una de las facultades en su plenitud para alcanzar la virtud:

> Guardando la debida proporción, la razón puede ayudar al entendimiento y a la inteligencia, pero no puede ascender al estado de ellos, porque tiene sus metas y propios fines que no puede trascender. Tenemos un sentido y una imaginación común con los demás animales: puesto que ven las cosas visibles, y recuerdan las cosas vistas. En algunos sentidos también nos superan: porque fue justo que a los brutos animales, a los que nada se les había de dar en el entendimiento, se les diera algo más en el sentido. Y por el contrario,

---

se dice que el consentimiento es querer o no querer lo que la inteligencia propone como posible norma de acción consintiéndola como un objetivo a realizar. Antonio Millán-Puelles, *op. cit.*, p. 617.

[61] *La ejecución:* hacer lo que se decide hacer, realizar la acción propiamente dicha, practicar el bien. Se refiere a la constancia a través de la cual la creencia que supone una norma de acción se establece como una disposición a obrar el bien.

[62] *cfr.* San Agustín, *El espíritu y el alma*, Cap. 11: "Puesto que la razón es la mirada de la mente, con la cual discierne el bien y el mal, elige las virtudes [...]. Por esta razón comprende las causas invisibles de las cosas por medio de la inteligencia, y capta las formas visibles de las cosas actuales por medio de las pasiones de los sentidos. Y bien salga por los sentidos hacia las cosas sensibles, bien por la inteligencia ascienda a las cosas invisibles... Pues la mente por eso se dice que sobresale en el alma; puesto que la energía del alma, de la cual procede la inteligencia, es más excelente. Efectivamente, por la inteligencia entiende la misma verdad y ama por la sabiduría. Porque la sabiduría es el amor del bien o el sabor del bien, y así se llama sabiduría, de sabor. La visión de la mente es la inteligencia, el gusto es la sabiduría, aquélla contempla, ésta deleita. Cuando queremos ascender de las cosas inferiores a las superiores, primero nos adelanta el sentido, a continuación imaginación, después la razón, el entendimiento y la inteligencia, en la cumbre de todo está la sabiduría [...]. El sentido da forma a la imaginación, la imaginación a la razón, y la razón hace la ciencia y prudencia [...]. Así hay en la razón algo que se orienta a lo superior y celestial, y esto se llama sabiduría; como también hay algo que mira a lo transitorio y a lo caduco, y eso se llama prudencia [...] la razón se divide en dos, a saber, hacia arriba y hacia abajo: por arriba hacia la sabiduría; por abajo hacia la prudencia... es mejor el que, encendido por el deseo celestial, aflige a la carne negándole hasta cosas necesarias, que quien, disipado por el afecto carnal, lucha para satisfacerlo por medio de todo lo que es comodidad".

tanta mayor necesidad de ejercitar la razón se le impone al hombre, cuanto sufre un mayor defecto de la sensualidad.[63]

Cuando en la persona se despierta la racionalidad se abren con ella las diversas opciones de actuación y se elige conforme al bien mayor presentado para actuar con libertad. De este modo, el sujeto es consciente de que con sus *decisiones libres*[64] modifica, en un sentido o en otro, sus inclinaciones y tendencias, su capacidad de sentir, juzgar, decidir y realizar las cosas según la necesidad presentada. Con base en la constante repetición de los actos da lugar al origen del hábito, el cual puede ser considerado moral siendo tanto bueno (virtudes) como malo (vicios).

Se deben evitar por sí mismas no sólo las cosas que les son opuestas, como la cobardía a la fortaleza, y la injusticia a la justicia, sino también aquellas cosas que parecen próximas y semejantes, pero que son muy diferentes. Así, la desconfianza es algo contrario a la confianza y por eso mismo es un vicio; la audacia no es algo contrario, sino cercano y próximo a la confianza, y con todo es un vicio. De este modo, a cada virtud se le puede encontrar un vicio contiguo, sea designado con un nombre concreto, como la audacia que está muy cerca de la confianza, la terquedad de la perseverancia, la superstición que está muy próxima a la religión, sea designado sin nombre alguno preciso. Todo lo cual debemos poner igualmente entre las cosas que hay que evitar como contrarias a las cosas buenas. En fin, he hablado bastante de ese género de honestidad que se recomienda por sí solo.[65]

No se puede dejar de lado que las virtudes al ser actos humanos (con inteligencia y voluntad) hay una intención detrás de ellas que marcan la diferencia entre una virtud y un vicio. Por más que la acción sea la misma no es

---

[63] San Agustín, *El espíritu y el alma*, Cap. 12.

[64] Toda libertad que el hombre tiene en virtud de su propia esencia es la permitida por su índole de animal racional, siendo ésta una libertad corporalmente medida y condicionada. Vivimos como nuestros actos por tener en ellos la conciencia de ser nosotros sus protagonistas efectivos. Antonio Millán-Puelles, *op. cit.*, pp. 395-399.

[65] San Agustín, "Cuestión 31. Opinión de Cicerón sobre la división y definición de las virtudes del alma", en *Ochenta y tres cuestiones diversas. Retract.* 1,26,31. www.augustinus.it/spagnolo/ottantatre_questioni/ottantatre_questioni.htm

igual hacer las cosas por el bien que por un beneficio. San Agustín le explica a Juliano la diferencia:

> Has de saber que la virtud y el vicio se distinguen no sólo por el objeto, sino por el fin. El objeto es la acción; el fin, el motivo de la acción. Por eso, cuando un hombre hace algo que no parece pecado, si no lo hace por el fin que debe, es pecado. Por no haber puesto atención en este principio, separas el fin de la acción, y llamas a las acciones virtudes verdaderas sin considerar el fin, y de ahí el absurdo de verte obligado a llamar justicia a una acción que tiene por motivo la avaricia. Si sólo atiendes al hecho, el no meter la mano en la bolsa del prójimo puede parecer que es justicia; pero, si se pregunta con qué intención obra así, y se responde: "Para no arruinarse en pleitos", ¿cómo decir que es una acción de verdadera justicia, cuando el móvil es la avaricia?[66]

La virtud no busca un bien placentero ni útil, sino un bien superior (todo aquello que no afecte al ser) y es resultado de un plan: ser pleno. Por su parte, santo Tomás de Aquino afirma que existen tres condiciones en el hábito:[67]

1. Aquello que dispone a algo más allá que sí mismo.
2. Aquello que está en potencia de otra cosa y es capaz de ser determinada en muchas formas.
3. Dispone al sujeto de una de aquellas cosas de lo que tiene en potencia, muchas de ellas suceden, la capacidad de ajustarse en varias formas para disponer del sujeto a un bien o un mal a su forma u operación.

Los hábitos están primariamente en el alma y secundariamente en el cuerpo. "La virtud es cuando existe una conformidad con la ley natural tanto

---

66 San Agustín, *Réplica a Juliano*. Libro IV, III, 21.

67 Santo Tomás de Aquino, *S. Th.*, I-II, ad. 3 et 55, 3, 50, 1; 50, 2. Mark McGovern, "A Key to Understanding Natural Law in Aquinas", en *Freedom, Virtue, and the Common Good*, p. 107.

en una disposición interna como en el acto externo".[68] Es la concordancia entre nuestro interior con el mundo exterior.

6. Libertad y virtud

La libertad es la capacidad humana para actuar, esto es, al estar plenamente consciente (inteligencia) y con pleno consentimiento (voluntad) se puede considerar como libre cualquier acto realizado por él.

La libertad comporta estas tres características:

1. Ausencia de coacción
2. Determinación de los actos de la voluntad
3. Dominio y soberanía actual sobre los susodichos actos.[69]

La ética se encarga de juzgar los actos humanos como libres al no tener obstáculos que le impidan la acción, es decir, que hay plenitud tanto en el conocimiento como en el consentimiento. Siendo así, es una virtud no sólo en el alma, sino también en el cuerpo, y lo mismo sucede con los vicios.

Y aun cuando unas sean las acciones del cuerpo, y otras las acciones del alma, con todo, tanto los vicios del cuerpo, como las virtudes del alma pueden existir. Porque al ser dada el alma para eso, para que corrija los movimientos ilícitos de la carne, suceden por la ignorancia y negligencia suyas. Así como, cuando bien un discípulo, o bien un siervo peca por negligencia del maestro o del señor, el maestro y el señor no están libres de culpa, del mismo modo el alma tampoco está libre de culpa, cuando suceden aquellos movimientos ilícitos, porque ella debe mandar y aquéllos obedecer.[70]

---

[68] Alasdair MacIntyre, *After Virtue...*, p. 169.

[69] *cfr.* Jesús García López, *op. cit.*, p. 146.

[70] San Agustín, *El espíritu y el alma*, Cap. 48.

Tanto Aristóteles como santo Tomás analizan la virtud como un producto de la elección previamente conocida por la razón, podemos ver la virtud desde dos puntos:

a) La virtud es hábito electivo atendiendo en primer lugar al acto que le es más propio, la elección recta.

b) En segundo lugar es también hábito electivo porque inclina a la recta elección consolidando su principio, que es la intención del fin debido.[71]

Como ya lo mencionamos, a los hábitos morales buenos se les llama *virtudes* y a los hábitos malos *vicios*. Las primeras perfeccionan a la persona desde dentro, la hacen más humana, capaz de actuar bien y con eficacia según la libertad que tenemos para actuar sin una determinación completa; por su parte, los vicios corrompen a la persona desde dentro, lo rebajan, animalizan, con lo cual será capaz de las peores acciones debido a que ya no puede salir de la "necesidad" que se ha creado, y por lo tanto, pierde su libertad (su modo de ser).

La virtud, pues, es esta disposición que resulta de los mejores movimientos del alma, y es también la fuente de las mejores acciones y pasiones del alma; y, de alguna manera, es producida y destruida por las mismas causas, y su uso se extiende a las cosas que producen su crecimiento y su destrucción y para las cuales ella nos dispone de la mejor manera (1220a).

La virtud no puede ser reducida a un ejercicio, sino que se elige el bien desde la intención, la que conlleva el elemento ético. Se es virtuoso no sólo desde una acción ejecutada, sino que está guiada por una intención que toma la decisión y se ejecuta.

a) Saber que se hace

---

[71] Ángel Rodríguez Luño, *op. cit.*, p. 219.

b) Elegir internamente la obra buena en cuanto tal

c) Obrar con firmeza y constancia.[72]

El hombre es realmente libre cuando actúa virtuosamente, ya que la virtud lleva al hombre a actualizar todas sus potencias de manera constante (al cuerpo en el ejecutar la acción adecuadamente de los que la voluntad quiere y la inteligencia conoce), por ejemplo, no sería libertad si el hombre quiere volar, puesto que no está en su cuerpo la facultad de volar porque no tiene alas y su constitución física no se encuentra hecha para eso.

> Cuando el hombre ama las cosas corpóreas en contra de la ley de Dios, es cuando las disfruta como fines y no las utiliza como un medio para la felicidad, por lo que se esclaviza, por lo que hay mal […]. El mal surge de un amor mal ubicado: el hombre al amar las cosas corpóreas, deja de lado a Dios […] a la belleza […] a la verdad.[73]

Para san Agustín, el vicio es el apego de la voluntad a las cosas materiales, por lo que pierde de vista la propia libertad por estar esclavizada a algo perecedero y corruptible, por esta razón el hombre se encuentra buscando más y más cosas parecidas para sentirse feliz, sin serlo realmente. "La libertad no se funda en la indiferencia respecto a los objetos, sino en la apetibilidad del bien como objeto formal propio y específico de la voluntad".[74] La virtud es el ejercicio de nuestro libre albedrío, no de una simple inclinación, porque si lo fuera, no se necesitaría la prudencia.[75]

La virtud muestra la vida de un hombre y su postura frente a ella. MacIntyre habla de la virtud como "el tomar una postura en las virtudes, es tomar

---

72 *Ibidem*, p. 220.

73 John G. Prendiville, *op. cit.*, p. 45.

74 Ángel Rodríguez Luño, *op. cit.*, p. 226.

75 "La elección, en efecto, requiere no sólo la recta razón, sino también el apetito recto, que se adhiere a que la razón afirma o, con otras palabras, es propio de la virtud 'determinar el medio por la razón y elegirlo con la voluntad'". Ángel Rodríguez Luño, *op. cit.*, p. 228.

una postura en la narrativa de la vida del carácter humano".[76] El bien es esa congruencia de vida, de no sólo pensarlo y quererlo, sino de hacerlo.

---

[76] Alasdair MacIntyre, *After Virtue...*, p. 144.

III. Elementos de la virtud

Para que una acción genere una virtud se requerirá que cuente con los tres componentes ya descritos (inteligencia, voluntad y acto). Si faltara alguno dejaría de ser virtud y pasaría a ser un hábito o costumbre (no hay una razón de por qué actuamos o si queremos hacerlo, sino que simplemente actuamos porque así se nos ha enseñado).

El acto virtuoso o habilidad no es simplemente el acto bueno, sino el acto bueno querido en cuanto bueno y no por otra razón más que aquella que nos va a perfeccionar. Por ello no se forma una virtud haciendo miles de veces un acto externamente bueno si no se busca hacer el bien, dado que las acciones morales, al ser conscientes, dejan una huella más profunda en la persona: la perfeccionan o la envilecen más.[1]

Por ende, las decisiones que se toman determinan quiénes somos. Cada quien decide en su vida las acciones que hace cara a su fin, sin embargo, cada obra deja una huella en la persona, si la hace constantemente, se van convirtiendo en una huella cada vez más profunda, hasta volverse una segunda naturaleza en ella. Es necesario decidir bien moralmente si se quiere llegar a ser mejor, a ser feliz, adquiriendo las virtudes en lugar de los vicios.

Tanto en la elección del vicio como de la virtud hay libertad, tanto para hacer el mal como el bien, sólo que el resultado final de ambas es

---

[1] Es como comúnmente conocemos en un juicio legal, si el culpable sabe lo que hizo y lo quiso hacer, si uno de estos elementos falla, la culpa se disminuye y la pena se aplica de acuerdo con el acto libre.

diametralmente opuesto: la virtud nos permite ser más libres, mientras que el vicio nos esclaviza poco a poco. Como dice san Agustín: "Porque cuando me sucede, siento que soy una persona quien considera ambas opciones y elije una u otra. Estando en medio y fluctuando, ésta es la situación en la que constantemente me encuentro".[2] Para esto es necesario tomar la decisión de cara al bien, sin dejarse llevar por los placeres o los beneficios que pudieran venir como consecuencia, sin mirar al bien por el bien mismo, como más tarde lo menciona Kant en su obra *Crítica de la razón práctica*.

Como ya se mencionó acerca de la virtud, su raíz griega *areté* y la latina *virtus* han tenido siempre el sentido de fuerza o energía que caracteriza a la persona. Una persona se dice virtuosa cuando busca en su obrar el bien común para todos y para sí mismo. Así lo describe san Agustín: "No es verdadera virtud la prudencia del avaro, con la que se procura diferentes formas de lucro; ni su justicia, por la que desprecia los bienes ajenos, para que no le cuesten dinero; ni su templanza, que refrena su apetito lujurioso por no derrochar; ni su fortaleza, […] que huye de la pobreza a través del mar, los montes y el fuego".[3] No se trata sólo de actuar sino de querer el bien y conocerlo.

La virtud dispone al ser humano a lograr su realización como persona, cara a la trascendencia y a su felicidad. Por eso hay que tender cada vez más a las virtudes, puesto que éstas pueden crecer día a día y, entre más lejos se llegue mejor. Por ejemplo, si ya se tiene el orden material, podría mejorar el orden en el horario, o en el seguimiento de pendientes, etc. Cicerón define la virtud como "una disposición del alma conforme al modo de ser de la naturaleza y a la razón".[4]

---

[2] San Agustín, *De anima*, 13.19 *apud* John G. Prendiville, *op. cit.*, p. 66.

[3] San Agustín, *Réplica a Juliano*. Libro IV, 3: PL 44, 749 *apud* santo Tomás de Aquino, *S. Th.*, II-II, q.23 a.6.

[4] San Agustín, "Cuestión 31. Opinión de Cicerón sobre la división y definición de las virtudes del alma", en *Ochenta y tres cuestiones diversas, Retract.* 1,26,31.

1. Los vicios

De modo que los vicios van a ir en contra de la plenitud al quitar la libertad al hombre, es decir, en el uso pleno de conocimiento y de consentimiento. "Quien obra movido por un vicio obra por malicia, y no por debilidad, porque el hábito moral lleva a elegir que resulta conveniente a la disposición por él otorgada a la potencia, y elegir el mal es obrar por malicia".[5]

La definición de Pedro Abelardo acerca del vicio es muy clara: "Vicio es aquello a lo cual nos volvemos propensos a pecar, consentimos en lo que no se debe, haciendo algo o dejándolo de hacer".[6] El hábito malo es aquel que pesa en el espíritu al impedir que elijamos por completo y de manera definitiva con una voluntad dividida, en palabras de san Agustín: "Al ahogarse una persona busca elevarse a la superficie, y una cadena lo ata a una necesidad creada".[7] El vicio es algo en que el hombre cae voluntariamente, por lo que su adquisición puede ser reversible al tener una sola voluntad y no dividida. Antes de adquirir el hábito, tenemos la libertad de elección para realizar una acción o no hacerla. Entonces, cuando hacemos algo libremente, y la acción pertinente dulzura y placentera ha tomado al alma, se involucra tanto en el hábito, que más tarde no puede superarse de lo que fue responsable por primera vez.[8]

San Agustín explica que el hombre cae en el vicio por los posibles beneficios que recibirá el hombre al perseguir dicha acción, a esto lo llama la "tentación", la cual sugiere a los sentidos la consecución de un fin más cercano y fácil de adquirir. Una y otra vez el hombre se encuentra en el mismo dilema, gracias al recuerdo está más familiarizado al placer que poco a poco se va adquiriendo un hábito. De manera compulsiva respondemos al recuerdo de la experiencia pasada para repetirlo una y otra vez.

---

[5] Ángel Rodríguez Luño, *op. cit.*, p. 221.

[6] Pedro Abelardo, *Ética o conócete a ti mismo*.

[7] John G. Prendiville, *op. cit.*, p. 59.

[8] *Ibidem*, p. 69.

Los vicios "son diametralmente opuestos a las virtudes, como la imprudencia a la prudencia. Hay otros que son contrarios cabalmente porque son vicios, pero que son muy semejantes a las virtudes; así la astucia, no la imprudencia, con relación a la prudencia; me refiero ahora a aquella astucia que en su sentido peyorativo ordinario suele entenderse y llamarse así [...] en el terreno de la templanza, la prodigalidad se opone claramente a la parsimonia; en cambio, lo que vulgarmente suele llamarse tacañería es un vicio muy semejante a la parsimonia, no por naturaleza, sino por su apariencia falaz. Del mismo modo, la injusticia es manifiestamente contraria a la justicia en cuanto a semejanza; pero suele hacer como que imita a la justicia el apetito de venganza, aunque es un vicio. La cobardía es notoriamente contraria a la fortaleza; pero la obstinación, que se diferencia mucho por su naturaleza, se le parece por sus apariencias. En fin, la constancia es una parte de la fortaleza; de ella dista mucho la inconstancia, y sin duda alguna se le opone; pero la pertinacia trata de llamarse constancia, aunque no lo es; la constancia es una virtud y la pertinacia es un vicio.[9]

Los vicios son de dos formas, tanto el defecto como el exceso de virtud, esto es, que siendo la virtud el justo medio entre dos extremos, cualquier acción que se encuentre al extremo de cada virtud será tomada por vicio. "En efecto, a cada virtud se oponen dos vicios, uno abiertamente contrario y otro que tiene las apariencias de la misma virtud".[10]

La distinción entre una virtud y un vicio no recae en la acción, ya que ésta por ser semejante no es clara, pero sí en la intención, San Agustín muestra esta idea con un ejemplo:

Éstas son las artes honrosas: a través de la virtud (y no precisamente a través de una astuta ambición) llegar al honor, a la gloria y al poder. Por igual, honrados e indolentes los desean para sí; pero aquéllos lo intentan por caminos

---

[9] San Agustín, *Carta 167*: 6. Trad. Lope Cilleruelo. www.augustinus.it/spagnolo/lettere/lettera_168_testo.htm

[10] San Agustín, *Carta 167*: 8.

legales. El camino es la virtud, por el que uno se esfuerza en conseguir algo: la gloria, el honor, el poder [...]. No es, por consiguiente, la virtud la que debe seguir a la gloria, al honor y al poder, deseados por los hombres honrados e intentados por buenos caminos; son ellos los que deben seguir a la virtud. No hay verdadera virtud si no se tiende a aquel fin en el que reside el bien del hombre, mejor que el cual no hay otro.[11]

A diferencia de las virtudes, los vicios pueden esclavizar por el placer que conllevan ciertas acciones, ya que éste es un medio, no un fin. Siendo el placer un medio que no trasciende y que carece de duración, por lo que no perfecciona al sujeto que lo realiza. De tal modo que las virtudes no sólo nos permiten ejercer actos buenos, sino que cada una de ellas nos sirve para ir más allá de la sensualidad, éstas nos permiten tener señorío sobre nuestras pasiones. San Agustín se pregunta si las pasiones gobernaran éstas darían:

- Órdenes a la prudencia para investigar con vigilancia el modo más oportuno de continuar el reinado y la seguridad de la sensualidad.
- A la justicia le da órdenes para que haga todos los beneficios que estén a su alcance con objeto de conseguir las amistades necesarias para la satisfacción del cuerpo; que no haga injuria a nadie, no sea que la transgresión de las leyes imposibilite la seguridad del placer.
- A la fortaleza para que si sobreviene un dolor corporal que no arrastre a la muerte, mantenga valientemente en su pensamiento a su señora, es decir, la sensualidad placentera, para que el recurso de las delicias pasadas mitigue el aguijón de los presentes dolores.
- A la templanza le da órdenes para que ponga mesura en los alimentos y demás deleites, no sea que el exceso inmoderado y perjudicial llegue a alterar la salud corporal, con lo que quedaría gravemente

---

[11] San Agustín, *La ciudad de Dios. Contra paganos*. Libro V, Cap. III, 12, 3-4. Trads. Santos Santamarta del Río y Miguel Fuertes Lanero. www.augustinus.it/spagnolo/cdd/cdd_05.htm

perjudicada su reina, el placer, que, según los epicúreos, reside principalmente en una buena salud corporal.[12]

Cuando se corrompe el fin por el cual se realizan las virtudes, entonces se pueden pretender acciones que parecen virtuosas pero que en realidad no lo son. Como los hábitos nos dan esos pequeños triunfos o satisfacciones que nos llevan poco a poco a tener una rutina, si ésta se encuentra corrompida, es decir, busca un fin propio en vez de uno superior, trascendente, entonces se pierde de vista y se corrompe con cualquier medio.

San Agustín describe la virtud como una expresión de razón, por ende no puede ser corrompida:

La justicia, de la cual nadie abusa. Se la considera como uno de los bienes más grandes que tiene el hombre y una de las virtudes del alma que constituyen la vida recta y honesta. Nadie, efectivamente, usa mal de la prudencia, ni de la fortaleza, ni de la templanza, porque en todas ellas, como en la justicia, de la que tú has hecho mención, impera la recta razón, sin la cual no puede darse virtud alguna, y de la recta razón nadie puede usar mal.[13]

Para esto establece los siguientes pasos para llegar a la perfección por medio de la adquisición de la virtud en su obra *El sermón del Señor en la montaña*:

1. Saberse imperfecto y aceptar la propia naturaleza
2. Buscar una cura para salir del estado del vicio
3. Dolerse por la pérdida del bien mayor y dejarse agarrar por el vicio
4. El alma debe hacer el esfuerzo para arrancarse de los placeres que le impiden ser libre
5. Esto muestra su deseo, hambre y sed por realizar el bien al buscar ayuda

---

[12] San Agustín, *La ciudad de Dios. Contra los paganos.* Libro V, Cap. XX.

[13] San Agustín, *Del libre albedrío.* Libro II, XVIII, 50. Trad. Evaristo Seijas www.augustinus.it/spagnolo/libero_arbitrio/libero_arbitrio_2.htm

6. Al estar limpio de los deseos que lo esclavizan es capaz de conseguir el bien más arduo: la contemplación del Bien

7. El alma alcanza la sabiduría y se vuelve como divina al contemplar la Verdad.[14]

Es necesaria la recta razón para ser virtuoso, para que se conozca el bien y se quiera el bien por sí mismo, no como medio sino como fin que perfecciona tanto al sujeto que lo realiza como a la sociedad que lo percibe. El vicio no permite tiempo para pensar ni la paciencia para buscar el bien mayor, sino que busca lo inmediato y obliga al hombre a actuar en contra de su razón. "Es combatiendo —contra las pasiones— como el hombre acaba por ver más claro lo que debe hacer, y una vez que lo ha visto, la razón práctica regula toda su conducta, y no sólo una parte de ella".[15]

El desprendimiento del vicio se hace de manera ascendente, de manera horizontal cargando con el pasado, sin estar determinado al mal que hizo, sino que con su presente marca una nueva ruta haciendo el bien impactando en su futuro. "Aristóteles señala un influjo de la virtud y del vicio sobre ese juicio de la razón: tal como es cada uno, así le parece el bien; el virtuoso juzga rectamente, mientras que el hombre dominado por el vicio resulta engañado".[16]

Por medio del amor, un amor bien decidido y universal, el hombre es capaz de escapar del amor propio para poder aspirar a la naturaleza que tiende: la felicidad absoluta. Como afirma MacIntyre: "En donde se requiere la virtud, el vicio florece".[17] Quienes tienen vicios se aprovechan de los demás que viven la virtud para sacar un beneficio, sin embargo, no se perfeccionan internamente, parece que sí, pero sólo es un reflejo externo. Porque tanto la virtud como el vicio se desarrollan en la práctica para lograr la finalidad deseada: ser feliz. El virtuoso alcanza la felicidad, mientras que el vicioso es pasivo ante ella.

---

14 John G. Prendiville, *op. cit.*, pp. 73-74.

15 Antonio Gómez Robledo, *op. cit.*, p. 107.

16 Ángel Rodríguez Luño, *op. cit.*, p. 222.

17 Alasdair MacIntyre, *After Virtue...*, p. 193.

2. La virtud como expresión de amor

San Agustín en su obra *La ciudad de Dios* describe la virtud como el camino idóneo para alcanzar la felicidad, ya que ésta es una expresión del amor perfecto hacia Dios. Ya es claro cómo el ejercicio de la virtud en la época medieval lleva a la perfección, es decir, a la imitación de Dios en la tierra.

Otro autor, Marco Varrón, en su libro sobre *La filosofía* [18] dice que "hay cuatro cosas a las que el hombre tiende como impulsado por una natural apetencia, sin necesidad de maestro, sin ayuda de doctrinas, sin habilidad especial, llamada virtud, y se llega a adquirir".[19]

> Estas cosas son: o bien el placer, que hace agradable el ejercicio de los sentidos corporales, o bien la tranquilidad, por la que se logra la ausencia de toda molestia corporal; o bien ambos a la vez [...] placer; o bien, de una forma general, los principios básicos de la naturaleza, que comprenden éstas y otras cosas, tanto en el cuerpo (por ejemplo, la integridad de los miembros, su salud y su perfección), como en el espíritu (por ejemplo, las dotes, grandes o pequeñas, de ingenio humano) (Aristóteles, *EN*, 2010a).

Dadas las diferentes ideas de virtud como placer, muchas corrientes de pensamiento y éticas han determinado el placer como la medida del bien y por ende, en su concurrencia como virtud (habilidad). "El placer se somete a la virtud cuando se pone a su disposición. Por ejemplo, es propio de la virtud el vivir para la patria, y por ella engendrar hijos: cosas ambas que llevan inherentes el placer corporal. En efecto, el alimento y la bebida, necesarios para la vida, no se toman sin placer. Dígase lo mismo del coito, con vistas a la generación".[20] De tal forma el bien y el placer se conjuntan con vistas a un fin superior. "En cambio, cuando el placer ejerce dominio sobre la virtud, se busca por sí mismo, y ésta se ejercita por él, de forma que la virtud nada realiza si no es para el

---

[18] *cfr.* San Agustín, *La ciudad de Dios. Contra paganos.* Libro XIX, Cap. I, 2. Trads. Santos Santamarta del Río y Miguel Fuertes Lanero. www.augustinus.it/spagnolo/cdd/cdd_19_libro.htm

[19] San Agustín, *La ciudad de Dios. Contra paganos.* Libro XIX, Cap. I, 2.

[20] *Idem.*

logro o la conservación del placer corporal. Horrible vida ésta, por cierto, donde la virtud se esclaviza a su tirano, el placer".[21]

San Agustín establece que la virtud no solo no debe ser una habilidad ni placentera ni buena para uno sólo, sino que se procura un bien común a todos y no solamente para uno. "Se trata únicamente de buscar o no buscar compañero en la participación de este bien, no por el bien en sí mismo, sino por el amigo, con vistas a que se gocen ambos juntos, como si se tratara de uno solo".[22] No es para el sabio aislarse con su saber, ni tampoco hacer una obra de beneficencia para los demás que ignoran, sino por el bien del otro, del amigo, enseña.

San Agustín define la virtud como la relación que hay entre la naturaleza humana como compuesto de cuerpo y alma, un caballero y un caballo, un recipiente y el líquido, los cuales se encuentran hechos unos para el otro y a partir de esa relación su función.

En su opinión, la naturaleza humana está integrada por dos elementos, el cuerpo y el alma... Pero ¿el alma sola es ya el hombre? ¿Habrá que considerarla con relación al cuerpo como el jinete con relación al caballo? De hecho, el jinete no es hombre y caballo, sino sólo el hombre, aunque se le llama jinete porque dice relación con el caballo. ¿O es acaso el hombre sólo el cuerpo, con una relación parecida al alma como el recipiente con relación a la bebida? Porque recipiente no se le llama indistintamente a la copa y a la bebida en ella contenida, sino sólo a la copa, precisamente porque es apta para contenerla. ¿No será que al hombre lo constituyen no el alma sola ni el cuerpo solo, sino ambos simultáneamente, como llamamos biga a la pareja de caballos uncidos? Cada uno, sea el derecho o el izquierdo, forman parte de la biga, sea cualquiera la relación que guardan entre sí, pero no llamamos biga más que a los dos conjuntamente.

La virtud, que es el arte de gobernar la vida [...] no hay bien alguno ni del alma ni del cuerpo que la virtud anteponga a sí misma. Hace un recto uso de sí y de los demás bienes que dan la felicidad al hombre. En cambio,

---

[21] *Idem.*

[22] *Ibidem,* Cap. I, 3.

cuando falta la virtud, los bienes, por muchos que ellos sean, no sirven para el bien de quien los posee, y, por tanto, no merecen el nombre de bienes para quien, al usarlos desordenadamente, no pueden serle útiles.[23]

Así como existen bienes corporales y bienes del alma, san Agustín acepta ambos bienes como buenos para cada uno, sin embargo, no deja de lado que los bienes que cada componente del hombre sea por separado, sino que debido al compuesto de cuerpo y alma lo que beneficia al cuerpo beneficia al alma y viceversa.

¿Qué dolor al acecho del placer, o preocupación al del descanso, no son una continua amenaza para el cuerpo del sabio? La amputación de algún miembro o la parálisis corporal quebrantan la integridad humana; la deformidad, la belleza; los achaques, la salud; la fatiga, la fortaleza; la pesadez o la torpeza, la agilidad. ¿Y cuál de estos males no puede abatirse sobre la carne del sabio? El equilibrio corporal y sus movimientos, cuando son elegantes y armoniosos, se cuentan también entre los bienes primordiales de la naturaleza. Pero ¿qué sucederá si una maligna enfermedad ataca con temblores los miembros? ¿Y si la espina dorsal llegara a curvarse hasta obligar al hombre a poner las manos en el suelo, como si fuera un cuadrúpedo? Toda la elegancia de movimientos y de equilibrio, toda la belleza corporal, ¿no queda echada a perder? ¿Y qué diremos de los bienes llamados primarios del espíritu? [...] ¿Qué restará en el hombre del sentido si [...] se queda sordo y ciego? ¿Y adónde irán a parar la razón y la inteligencia, dónde estarían aletargados si el hombre tiene la desgracia de volverse loco por una enfermedad? Por otra parte, ¿hasta qué punto es auténtica y total la percepción de la verdad en esta existencia carnal? [...] ¿no es él mismo el origen de los movimientos y actos dignos de lástima que nos horrorizan cuando llega a trastornarse el sentido y embrutecerse la razón?[24]

---

23 *Ibidem*, Cap. III, 1.

24 *Ibidem*, Cap. IV, 2.

Por ello que la virtud es un bien que afecta positivamente las dos sustancias del hombre: cuerpo y alma. Por otro lado, la virtud no es exclusiva del alma ni del cuerpo, no se posee por alguna facultad, sino por el hombre completo. "Pero no es lo mismo vida que virtud. En realidad, no toda vida es virtud, sino solamente la vida sabiamente llevada. Cualquier vida, es cierto, puede existir sin virtud alguna. En cambio, la virtud no puede darse sin vida alguna".[25]

La vida da virtud, en las relaciones humanas, es en donde se ejerce la virtud, al actuar en una sociedad, la virtud es un bien no sólo personal, sino social. San Agustín describe la virtud en cuanto a la relación que hay entre amigos por lo que el amor es el medio idóneo para ejercerla, ya que en la amistad se procura el bien del otro y no sólo el propio, es por eso que la virtud es el amor que hay entre dos personas. Existen cuatro familias de hábitos buenos llamadas: *las virtudes cardinales*: templanza, fortaleza, justicia y prudencia.

---

[25] *Ibidem*, Cap. III, 1.

IV. Las virtudes cardinales

La distinción de las virtudes se debe a su objeto propio, es decir, a la perfección de las diferentes facultades: los apetitos (regulados por la templanza y la fortaleza), la voluntad (regulada por la justicia) y la inteligencia (regulada por la prudencia), para llevar al hombre a cumplir su fin: ser feliz. San Agustín define las cuatro familias de virtudes como un medio para conocerse y encontrar la perfección humana en el interior de uno mismo, afirmación con la que personalmente coincido para lograr la plenitud:

La templanza:

Miremos ahora la virtud, que no cae dentro de los principios de la naturaleza, puesto que se les añade más tarde a través de la educación. Ella reclama para sí el primer puesto entre los bienes del hombre […] ¿no lucha contra las pasiones de la carne para ponerles freno, no sea que arrastren hacia alguna desgracia al espíritu que en ellas consiente? [...] ¿Y qué queremos nosotros cuando deseamos la consumación del bien supremo sino que las apetencias de la carne no sean contrarias a las del espíritu, y que desaparezca en nosotros el vicio contra el cual luchan las apetencias del espíritu?[1]

---

[1] San Agustín, *La ciudad de Dios. Contra paganos.* Libro XIX, Cap. IV, 3.

La templanza es aquella virtud que nos ayuda a controlar los apetitos y deseos corporales para evitar ser víctimas de la carne y alcanzar a perfeccionar nuestras capacidades superiores. "¿Quién es sabio en tan alto grado que ya no tenga absolutamente ninguna lucha con las pasiones?".[2]

La fortaleza:

Un hombre, aunque tuviere tal fortaleza que pudiera soportar con serenidad los ocultos manejos que contra él trama una simulada amistad, o aunque estuviera tan alerta que fuera capaz de esquivarlos con acertadas decisiones, es imposible, si él personalmente es bueno, que no sufra cruelmente por la maldad de estos hombres pérfidos cuando comprueba que eran unos perversos, tanto si lo han sido siempre y se han estado fingiendo honrados, como si se han hecho unos malvados después de haber sido buenos.[3]

La virtud de la fortaleza se puede describir como el aguantar o soportar los males que le vienen, y a su vez actuar conforme a las creencias. Es por esta razón que las personas fuertes se caracterizan por mantener su temple sin importar las dificultades, tal como la paciencia.

La prudencia:

¿Toda su vigilancia no consiste en discernir los bienes de los males para procurar unos y evitar los otros, de forma que no se deslice ningún error? ¿Y no está con ello evidenciando que nosotros nos hallamos en medio del mal, o que el mal se halla entre nosotros? Ella nos enseña que el mal está en caer en el pecado, consintiendo en las bajas pasiones, y el bien en no consentirlas y evitarlo. Con todo, ese mal, al que la prudencia nos enseña a resistir y cuya victoria logramos mediante la templanza, ni una ni otra virtud consigue eliminar de esta vida.[4]

---

[2]   *Idem.*

[3]   *Ibidem,* Cap. V.

[4]   *Ibidem,* Cap. IV, 4.

Con relación al bien y al mal, la distinción de uno y otro en cada situación que se nos presenta, la prudencia es aquella virtud que por medio de la razón se conoce la verdad de las cosas para actuar de cara al bien.

La justicia:

Su objeto es dar a cada uno lo suyo [...]. Pero ¿no está demostrando que aún se encuentra penando en este trabajo más bien que descansando por haberlo terminado? [...] Y tanto menos la carne está sometida al alma cuanto más lucha con sus apetencias contra el espíritu. Y mientras estemos arrastrando esta debilidad, este achaque, esta peste, ¿cómo nos atreveremos a llamarnos liberados si no lo estamos todavía? [...] Una pregunta: ¿el célebre Catón se suicidó por paciencia o más bien por su impaciencia? Nunca habría hecho lo que hizo si hubiera sabido soportar pacientemente la victoria de César. ¿Dónde está su fortaleza? Se rindió, sucumbió, fue derrotado hasta abandonar esta vida, hasta desertar, hasta huir de ella. ¿O es que ya no era feliz? Luego entonces era desgraciado: ¿y cómo es que no eran males los que convertían la vida en desgraciada y repudiable?[5]

San Agustín expone como ejemplo que la fortaleza es la paciencia, esta virtud consiste en saber esperar, pero también en saber actuar con actitud paciente. Y la justicia como la más perfecta de las virtudes, pues siendo el hombre un ser social por naturaleza, el orden de la sociedad se da por medio de la justicia.

Bien es verdad que tanto la paz común a unos y otros, como la nuestra propia, podemos considerarla más bien como un alivio de nuestra desgracia que como un disfrute de la felicidad. De hecho, nuestra misma santificación (*iustitia*), aunque sea verdadera porque dice relación al último y verdadero bien, sin embargo, es tan limitada en esta vida que más bien consiste en la remisión de los pecados que en la perfección de las virtudes [...]. La razón, por más que

---

[5]   *Ibidem*, 3- 4.

esté sometida a Dios, al hallarse bajo esta condición mortal y en este cuerpo corruptible [...] no puede dominar perfectamente las malas inclinaciones.[6]

De modo que, cuando se realizan las virtudes, se honra la mejor manera de ser uno mismo de cuatro formas distintas, es decir, se perfeccionan con un ejercicio las facultades humanas:[7]

- La templanza es "el control de la concupiscencia sobre todo lo que deleita temporalmente",[8] por lo que se puede complementar que "es el amor que totalmente se entrega al objeto amado"[9] y se conserva íntegro e incorruptible.
- La fortaleza es "la firmeza del alma frente a las cosas que son molestas en esta vida",[10] lo cual puede ser complementado con que "es el amor que todo lo soporta por el objeto de sus amores, que todo lo sufre sin pena".[11]
- La justicia "es el amor de Dios y del prójimo que se difunde por todas las demás",[12] siendo complemento de esta definición que "es el amor únicamente esclavo de su amado y que ejerce, por lo tanto, señorío conforme a la razón sobre todo lo inferior al hombre".[13]
- La prudencia es "el conocimiento de las cosas que hay que intentar hacer y evitar".[14] Sin embargo, el alma puede estar entre dos postu-

---

6   *Ibidem*, Cap. XXVII.

7   San Agustín, "Cuestión 61. Sobre lo escrito en el evangelio: 'que el Señor alimentó en la montaña a las turbas con cinco panes'", en *Ochenta y tres cuestiones diversas*, Retract. 1,36,62. www.augustinus.it/spagnolo/ottantatre_questioni/ottantatre_questioni.htm

8   *Ibidem*, 1,36,62; S. POSSID, *Indic.* 10,26, q. 61, r. 4.

9   Siervas de los Corazones Traspasados de Jesús y María, "Las virtudes morales-cardinales...".

10   San Agustín, "Cuestión 61...", en *Ochenta y tres cuestiones diversas*, Retract. 1,36,62; S. POSSID, *Indic.* 10,26, q. 61, r. 4.

11   Siervas de los Corazones Traspasados de Jesús y María, "Las virtudes morales-cardinales...".

12   San Agustín, "Cuestión 61...", en *Ochenta y tres cuestiones diversas*, Retract. 1,36,62; S. POSSID, *Indic.* 10,26, q. 61, r. 4.

13   Siervas de los Corazones Traspasados de Jesús y María, "Las virtudes morales-cardinales...".

14   San Agustín, "Cuestión 61...", en *Ochenta y tres cuestiones diversas*, Retract. 1,36,62; S. POSSID, *Indic.* 10,26, q. 31, r. 2.

ras: "Puede ver los bienes meramente temporales y evitar los males temporales, así como puede ser capaz de ver las cosas superiores a ella[15] por medio del amor que con sagacidad y sabiduría elige los medios de defensa contra toda clase de obstáculos, y sabe discernir lo que es útil".[16] Así, el alma siendo como el agua, puede irse en dos direcciones: congelarse o evaporarse, mientras que está en un estado, no puede estar en otro al mismo tiempo.

Como es posible ver con las definiciones de las virtudes descritas por san Agustín, éstas se reducen al acto meramente religioso, según el Bien más alto de todos. Por lo que me gustaría ampliar tales definiciones cristianas para dar un sentido a la educación de las virtudes por medio del amor en el hombre mismo.

Cuando los hombres disfrutan de esa paz que es posible encontrar aquí, si la vida es ordenada, la virtud se sirve rectamente de sus bienes. Y cuando esta paz falta, también la virtud sabe usar para bien incluso los males que el hombre arrastra. Pero solamente existe verdadera virtud cuando, junto con todos los bienes de que ella hace recto uso y los actos realizados en el recto uso de bienes y males, sabe referirse a sí misma hacia aquel fin donde disfrutaremos de una tal paz, que mejor y más profunda no será posible.[17]

La virtud en san Agustín es el camino a una vida bienaventurada, tal como lo expone Aristóteles, es decir, hacia una vida feliz. La diferencia en ambos autores es la trascendencia a la que tienden, en el caso del cristianismo:

Si uno vive esta vida ordenándola a aquella otra que ama ardientemente y espera con plena fidelidad, no sin razón se le puede llamar ahora ya feliz, más bien por la esperanza de aquélla que por la realidad ésta. De hecho, esta realidad sin aquella esperanza es una engañosa felicidad y una gran desventura:

---

[15]   John G. Prendiville, J. G., *op. cit.*, p. 80.

[16]   Siervas de los Corazones Traspasados de Jesús y María, "Las virtudes morales-cardinales…".

[17]   San Agustín, *La ciudad de Dios, Contra paganos.* Libro XIX, Cap. X.

no ofrece al alma los verdaderos bienes, puesto que ésta no es la sabiduría auténtica, que sabe elegir con prudencia, realizar con fortaleza, regular con templanza y distribuir con justicia. Le falta estar ordenada hacia aquel fin donde Dios lo será todo para todos (1Co 15,28) en una eternidad segura y en una paz perfecta.[18]

San Agustín considera la verdadera felicidad fuera del mundo, es decir, en la vida eterna, en cambio Aristóteles considera que la plenitud está en el mundo, pues no reconoce una vida más allá.

Las virtudes como expresión de fe o de la gracia pueden reducirse sólo a los fieles, sin embargo, las virtudes fuera de la fe dan un sentido de felicidad y plenitud al hombre. El mantenerlas solamente como algo sobrenatural es un error en la interpretación del autor. "Cuando esto hacemos, practicamos las virtudes verdaderas, porque todas nuestras acciones tienen un fin justo y honesto; es decir, conforme a nuestra naturaleza, para nuestra salvación y felicidad verdadera".[19] Ser virtuoso es dejar de verse a uno y ver al otro como una entrega de lo que se es como persona, como una expresión verdadera de amor.

> En verdad que con cuantas más virtudes actúe el alma, con tanta mayor firmeza crecerá, aunque los sentidos carnales estén molestando, sin embargo, exteriormente con algo tan pueril, que si no son refrenados por el fervor, debilitan la mente en la cuerda floja y débil, donde, si fuere retenida por una larga costumbre, cuando quiera levantarse no podrá, oprimida el ahora por la mole de la mala costumbre.[20]

El ejercicio constante de las virtudes es capaz de refrenar las pasiones para poder actuar en la perfección humana.

Las virtudes son el ejercicio mismo del amor: tanto del propio como del que se da a los demás, al ser cada día mejor persona de cara a un fin, la

---

[18] *Ibidem*, Cap. XX.

[19] San Agustín, *Réplica a Juliano*. Libro IV, III, 18.

[20] San Agustín, *El espíritu y el alma*, Cap. 57.

felicidad se vuelve parte del bien común de la sociedad, ya que uno no puede ser sin el otro, por ejemplo: en la educación y la sociedad ejercemos las virtudes no sólo para uno mismo, sino para los demás.

1. La educación de las virtudes morales

Las virtudes son cualidades morales por las cuales se dispone a obrar de cara al bien en la actualización de sus potencias, atendiendo cada virtud cardinal de las facultades que componen a la persona. "Los actos y los hábitos se especifican por sus objetos, es necesario que sea hábito especial aquel al que le corresponde un objeto especial distinto de los demás; y, si se trata de un hábito bueno, será una virtud especial".[21] Las virtudes cardinales perfeccionan cada una de las facultades del hombre:

- La prudencia actúa sobre la inteligencia.
- La justicia sobre la voluntad.
- La fortaleza sobre el apetito irascible.
- La templanza sobre el apetito concupiscible.

El hombre es quien moviliza todas sus fuerzas (inteligencia y voluntad), para obrar en modo justo: las virtudes afectan al sujeto en todas sus potencias, puesto que el ser justo no sólo es un acto aislado de la persona, sino que convergen todas las demás virtudes para que se obre justamente tanto para uno como para los demás.

Virtud es la que hace bueno al sujeto que la posee y a sus actos. Pero el bien puede tomarse en dos sentidos: material, lo que es bueno; formal, la razón de bien. El bien en el segundo aspecto es objeto de la voluntad. Por eso, si hay hábitos que hacen recta la consideración de la razón sin tener en cuenta la rectitud de la voluntad, tienen menos carácter de virtud, porque orientan

---

[21] Santo Tomás de Aquino, *S. Th.*, II-IIae, q. 47, a. 5.

materialmente hacia un objeto bueno, es decir, a lo que es bueno, pero no bajo la razón de bien. Tienen, en cambio, más carácter de virtud los hábitos que se ordenan a la rectitud de la voluntad, porque consideran el bien no solamente de una manera material, sino también formal; es decir, consideran lo que es bueno bajo la razón de bien.[22]

El siguiente cuadro (véase cuadro 1) muestra la panorámica general de estas virtudes, cómo se compone cada una y cómo son definidas por santo Tomás de Aquino en la *Suma teológica*:

Prudencia (*S. Th.*, II-II, q. 47-57)	Delibera: experiencia, circunspección, pedir consejo, previsión y precaución. Decide: sobre lo deliberado. Actúa: agilidad.
Justicia (*S. Th.*, II-II, q. 57-122)	Religión, piedad, observancia: con relación a las autoridades. Veracidad, gratitud, reparación, afabilidad, solidaridad, subsidiaridad, amistad, respeto, lealtad-fidelidad: con respecto al otro.
Fortaleza (*S. Th.*, II-II, q. 123-140)	Paciencia y serenidad: resisten el mal presente. Perseverancia, magnanimidad, magnificencia, constancia, laboriosidad y valentía: acometen al bien arduo.
Templanza (*S. Th.*, II-II, q. 141- 170)	Abstinencia, sobriedad, castidad, pudor, modestia, orden, clemencia, mansedumbre, eutrapelia, estudiosidad, liberalidad, humildad, sencillez.

Cuadro 1. Virtudes cardinales.

Todas las virtudes tienen relación entre sí, es por ello que no es posible ejercerlas de manera aislada. Dado que el hombre es uno, no puede dividirse en partes o facultades y la acción es una, es así que, al vivir una virtud, es necesario contar con las demás para ser virtuoso.

También tiene virtudes, por las cuales es instruida y es armada contra los vicios. Por la prudencia en verdad sabe qué debe hacer; la templanza para moderar los éxitos, la fortaleza para las adversidades, la justicia con la cual sabe lo que debe dar a cada uno. Prudencia es saber de qué es capaz; la fortale-za templanza es no presumir de lo que no puede;

[22] Santo Tomás de Aquino, *S. Th.*, q. 47.

la justicia es no pretender más de lo que pueda. La prudencia está en lo que se debe elegir; la fortaleza en lo que se debe tolerar; la justicia con lo que se debe distribuir. Propio de la prudencia es no desear nada de lo cual haya que arrepentirse, y no querer hacer nada fuera de lo que es justo. Lo propio de la templanza es no temer nada a no ser lo pecaminoso, y dirigir cuanto hacemos y pensamos según la norma de la razón. Lo propio de la fortaleza es no solamente reprimir las ambiciones terrenas, sino olvidarlas por completo. Lo propio de la justicia es ordenar todo pensamiento del alma a Dios solo, y mirarlo con los ojos del alma como si no existiera nada más.[23]

La armonía y conjunción de las virtudes llevan a una trascendencia, en donde los actos no sólo se quedan en un hecho bondadoso, sino en algo duradero que afecta de manera positiva a quien la realiza y a los demás. La religión puede apoyarse en el ejercicio de las virtudes añadiendo una visión de eternidad.

Y aunque algunos las tengan por verdaderas y nobles virtudes, consideradas en sí mismas y no ejercitadas con alguna otr a finalidad, incluso entonces están infatuadas, son soberbias, y, por tanto, no se las puede considerar como virtudes, sino como vicios. Pues así como lo que hace vivir a la carne no procede de ella, sino que es algo superior, así también lo que hace al hombre vivir feliz no procede del hombre, sino que está por encima del hombre. Y dígase lo mismo no sólo del hombre, sino también de cualquier otra potestad o virtud celeste.[24]

El análisis de las virtudes será desde su nombre que la describe y cómo ésta se refleja en actos concretos y cómo dicha virtud es el justo medio entre dos extremos: por exceso o por defecto.

---

[23] San Agustín, *El espíritu y el alma*, Cap. 20.

[24] San Agustín, *La ciudad de Dios. Contra paganos*. Libro XIX, Cap. XXV.

V. La prudencia

Es la más alta virtud que lleva a tener una recta razón en el obrar,[1] es decir, a pensar antes de actuar por medio de la visión del fin y a tener los medios para alcanzarlo al distinguir entre los vicios: por exceso o por defecto. Para vivir la prudencia, es necesario primero saber la verdad para poder realizar el bien. No se puede confundir la prudencia con algo que debe hacerse, sino de vivir los principios que se tienen, "tampoco debe confundirse con la facultad de ver los medios que me llevarán a un fin".[2] Si la prudencia es aquella virtud que distingue las distintas formas de actuar para elegir la mejor, podríamos afirmar que es la base de todas las virtudes, ya que ésta distingue entre los vicios la justa medida para vivirlas.[3]

"El bien presupone un conocimiento de la verdad",[4] lo cual, para actuar es necesario ser prudentes, pues el bien es la realidad al ser contemplada para actuar de acuerdo con ella, según lo que se debe o no hacer.

---

[1] "En efecto, parece propio del hombre prudente el ser capaz de deliberar rectamente sobre lo que es bueno y conveniente para sí mismo, no en un sentido parcial, por ejemplo, para la salud, para la fuerza, sino para vivir bien en general" (Aristóteles, *EN*, 1140a).

[2] Alasdair MacIntyre, *Short History...*, p. 74.

[3] "Ello quiere decir que al determinarlo se ha de tener en cuenta la peculiaridad del hombre". *cfr.* Antonio Millán-Puelles, *op. cit.*, p. 602.

[4] Josef Pieper, *op. cit.*, p. 16.

San Agustín define la prudencia como

el conocimiento de las cosas buenas, de las cosas malas y de las cosas indiferentes. Sus partes son: la memoria, la inteligencia y la providencia. La memoria es la facultad por la cual el alma evoca las cosas que ya han sido. La inteligencia es la facultad por la que el alma percibe las cosas presentes. La providencia es la facultad por la que el alma percibe algo que va a suceder antes de que sea un hecho.[5]

Es tanto intelectual como moral por su objeto la conducta humana,[6] ya que conlleva tres actos de la razón[7] que por el ejercicio de la prudencia no se reducen sólo a estas acciones, sino que al buscar el bien se vuelven:

1. El consejo (deliberación), que es la *ebulia*, la cual perfecciona la razón práctica en orden a una buena deliberación o inquisición en los asuntos humanos.
2. El juicio (sentencia), que es la *synesis*, la cual perfecciona en orden al juicio según la ley común.
3. El precepto (imperio), que es la *gnome* en orden al juicio en casos excepcionales.

"La prudencia se distingue, a su vez, de las virtudes morales por la distinta modalidad de objeto que especifica las potencias, ya que radica en el entendimiento, y las virtudes morales en la voluntad".[8] Esto es, que cuando se actúa prudentemente, depende de la situación y circunstancia en donde se encuentra uno, no es una simple acción, sino que implica constantemente que la

---

[5] San Agustín, "Cuestión 31. Opinión de Cicerón sobre la división y definición de las virtudes del alma" en *Ochenta y tres cuestiones diversas*, Retract. 1,26,31.

[6] Santo Tomás de Aquino, *S. Th.*, II-II, q. 47, a. 2-3. "Las acciones, a su vez, se dan en los singulares, y por lo mismo es necesario que el prudente conozca no solamente los principios universales de la razón, sino también los objetos particulares sobre los cuales se va a desarrollar la acción".

[7] Jesús García López, *op. cit.*, pp. 257-258.

[8] Santo Tomás de Aquino, *S. Th.*, II-II, q. 47, a. 4.

persona prudente se dé cuenta de sus acciones y del entorno que le rodea. El prudente actúa rectamente porque conoce la verdad y el bien.[9]

El prudente lleva a cabo tres acciones principales: las dos primeras, *deliberar* y *decidir*, éstas pertenecen a una acción más intelectual que moral o de acción, pues se encuentran en el interior del hombre. Finalmente viene el *actuar*: que indica el objeto de la prudencia en su parte moral dado que es un acto humano al realizarlo. Por ello se considera la prudencia como puente entre las virtudes intelectuales (sabiduría, ciencia, intelecto) y morales (del pensar y del bien actuar).[10] "La prudencia es, en efecto, la medida del querer y del obrar; pero, a su vez, la medida de la prudencia es la cosa misma, la realidad objetiva del ser".[11] Frente a los apetitos, la prudencia actúa sobre ellos como causa final, mientras que los apetitos sirven como causa eficiente.[12] Para llegar a ser prudente se deben reunir las siguientes manifestaciones, tanto internas como externas, de manera procesual en la razón.

1. El arte de vivir la prudencia: madurez

Para educar la virtud de la prudencia se puede dividir en un proceso de ocho pasos determinantes para llevar a cabo su ejecución.

1. Delibera: lo primero que hace es *deliberar con él mismo* para intentar llegar a un buen resultado. Es decir, que quien delibera debe "conocer tanto los primeros principios universales de la razón cuanto las realidades concretas sobre las que versa su acción moral".[13] Saber lo que debe hacer y contrastarlo con la situación particular en la que se encuentra es lo que se llama la

---

[9]   *cfr.* Josef Pieper, *op. cit.*, p. 36.

[10] Para Santo Tomás la prudencia tiene que ver con la *sindéresis*, debido a que es un hábito o disposición natural para conocer los primeros principios en el orden práctico o en el nivel del cuerpo. Mark McGovern, *op. cit.*, p. 107.

[11] Josef Pieper, *op. cit.*, p. 40.

[12] Jesús García López, *op. cit.*, p. 269.

[13] Josef Pieper, *op. cit.*, p. 43.

sindéresis[14] o conciencia. Una vez contemplados los hechos, dirige su acción a un juicio. Sus vicios opuestos son: por defecto la *precipitación* o el *atolondramiento*, y por exceso la *excesiva lentitud*. A continuación (véase cuadro 2), se ejemplifica cómo se vive este primer paso según el justo medio entre dos vicios opuestos:

Vicio por defecto	Virtud	Vicio por exceso
Precipitación: decide sin deliberar.	Se trata de aplicar la razón, que de suyo es abstracta, a casos particulares.	Excesiva lentitud: por miedo u otra razón. Rigidez: aplicar la norma general sin considerar las circunstancias de las personas o sucesos involucrados.

Cuadro 2. Deliberación.

Tanto un vicio como otro caen en la imprudencia al no saber distinguir la mejor manera de actuar cara al fin propuesto. Es por eso que, al pensar, es necesario no perder de vista el fin para elegir los medios.

2. Memoria: así como es un sentido interno, también nos sirve tomar en cuenta la experiencia vivida anteriormente y aprender del pasado. No sólo acumula los recuerdos, sino que sabe revivirlos, conectarlos entre sí para aplicarlos a cada caso. Quien no cuenta con la experiencia es fácil que vuelva a equivocarse en las mismas situaciones. Así la experiencia también es el cúmulo de conocimientos relacionados entre sí con lo vivido o hecho, con resultados positivos o negativos, que después van marcando la manera de pensar, actuar y comportarse. San Agustín habla de la memoria como: "Yo, que había aprendido ya a airarme por las cosas pasadas, para no pecar más en adelante [...] clamaba leyendo estas cosas exteriormente y reconociéndolas interiormente; ni deseaba ya multiplicarme en bienes terrenos, devorando los tiempos y siendo devorado por ellos, teniendo como tenía en la eterna simplicidad [...] (que le llena)".[15]

---

[14] Los fines comunes a toda operación humana.

[15] San Agustín, *Confesiones*. Libro IX. IV-10. Trad. Ángel Custodio Vega Rodríguez. www.augustinus.it/spagnolo/confessioni/conf_09_libro.htm

La prudencia necesita de la memoria, ya que en múltiples ocasiones en las que se enfrenta el hombre en el presente son consecuencia del pasado, y encuentra en ellas su explicación y la razón de su ser.[16]

Siendo esta facultad apegada a la realidad, nos puede guiar en los hechos del pasado para saber cómo dirigir nuestro acto. "La fidelidad de la memoria al ser quiere decir justamente que dicha facultad guarda en su interior las cosas y acontecimientos reales tal como son y sucedieron en realidad".[17] Para esto es necesario hacer un examen de conciencia. Sus vicios por exceso es querer que todo sea igual como en el pasado; y por defecto: el borrar los recuerdos y querer salirse con la suya mostrando una inexperiencia de vida.

A continuación (véase cuadro 3), se ejemplifica cómo se vive este siguiente paso de la prudencia según el justo medio entre dos vicios opuestos:

Vicio por defecto	Virtud	Vicio por exceso
Quien cambia las maneras de trabajar, por gusto o moda, sin tomar en cuenta sus propias experiencias o las de otros.	Si algo le ha dado resultado, no busca cambiarlo sin más, sino que es constante para adquirir experiencia en un trabajo o *hobby*, al anotar todo para no olvidarlo y luego mejorar.	Evita cualquier cambio, sin buscar la actualización de ese estado debido a que así le funciona y espera que siga siendo así.

Cuadro 3. Memoria.

Para tomar la decisión correcta es necesario tomar en cuenta el pasado para actuar de mejor manera posible, si no ¿cómo aprendemos? Los errores cometidos tienen un gran peso al decidir actuar de cara a un bien propuesto.

3. Circunspección:[18] se ubica en un tiempo y un espacio por medio de una cuidadosa ponderación de las circunstancias que rodean, y juzga si es o no conveniente realizar algo. Calcula o mide las posibilidades que se tienen para lograr un objetivo. Para tener la circunspección es necesaria la facultad

---

[16] Jesús García López, *op. cit.*, p. 270.

[17] Josef Pieper, *op. cit.*, p. 48.

[18] Del latín *circumspectio, circumspectionis*: mirar alrededor, en círculo.

de la inteligencia. "La inteligencia la podemos considerar aquí como la capacidad de penetrar en los hechos y circunstancias presentes y conocerlos en su nuda verdad. La inteligencia así equivale al sentido exacto de la realidad".[19]

A continuación (véase cuadro 4), se ejemplifica cómo se vive este segundo estado de la prudencia según el justo medio entre dos vicios opuestos:

Vicio por defecto	Virtud	Vicio por exceso
Actúa de manera frívola e impulsiva sin tomar en cuenta lo que ocurre a su alrededor.	Busca el bien y lo hace mirando las circunstancias y posibilidades mínimas para realizar con éxito la acción.	Está al pendiente de todo lo que pasa a su alrededor sin aventurarse a actuar por miedo, esperando que las cosas se resuelvan por sí solas.

Cuadro 4. Circunspección.

Saber ubicarse en una situación concreta y presente es la clave para acertar en el actuar. No hacerlo mete a uno en problemas (se es descuidado) y el tomar en cuenta demasiados detalles hace que se pierda el fin y lo sacrifique por detalles superfluos y fuera de lugar (es minucioso).

4. Consejo: frente a cada nueva situación se nos presentan complejidades por lo que se "exige tener en cuenta muchos factores, difícilmente observables por uno solo, que pueden ser en cambio percibidos con más seguridad por varios, porque lo que uno no advierte, se le ocurre a otro".[20] Es tener la "docilidad para dejarse-decir-algo para tener un solo pensamiento real".[21] Por eso, "el primer acto de la prudencia es aconsejarse".[22] Al tomar en cuenta el consejo se sigue una reflexión que complementa la propia hipótesis o llega a desmentirla. Como vicios opuestos son la *indisciplina* y la *manía de llevar siempre la razón*, éstas son, en el fondo, modos de oponerse a la verdad de la realidad.[23] También se le conoce como *docilidad*, pues es la capacidad de recibir

---

[19] Jesús García López, *op. cit.*, p. 271.

[20] Santo Tomás de Aquino, *S. Th.*, I-II, q. 14, a. 3 c.

[21] Josef Pieper, *op. cit.*, p. 49.

[22] Santo Tomás de Aquino, *S. Th.*, II-II, q. 47, a. 8.

[23] *cfr.* Josef Pieper, *op. cit.*, p. 49.

un consejo. "En la deliberación que desemboca en el imperio no debe ser descuidado ningún recurso que nos permita acertar. Y es muy bueno oír la opinión de algún buen consejero, hombre de experiencia y competencia en los asuntos de que se trate".[24]

A continuación (véase cuadro 5), se ejemplifica cómo se vive este tercer paso de la prudencia según el justo medio entre dos vicios opuestos:

Vicio por defecto	Virtud	Vicio por exceso
Se cierra al propio criterio.	Toma en cuenta las indicaciones que le dan los que tienen más experiencia.	Depende de los demás al esperar que le digan qué hacer.

Cuadro 5. Consejo.

Quien toma en cuenta los consejos y no actúa sin ellos cae en una dependencia y tiende a culpar a los demás por su falta de criterio; en cambio, quien no toma en cuenta los consejos porque piensa que a nadie le ha pasado lo que le sucede, erra al no tomar en cuenta una perspectiva superior a la que tiene.

5. Previsión: quien visualiza los actos que se van a realizar y las consecuencias que pueden acarrear, es ver al futuro las consecuencias de lo que estamos decidiendo ahora. Consiste en fijarse bien en el fin que se propone, para ordenar a él los medios oportunos. Ver a futuro circunstancias o acontecimientos que pueden suceder por la decisión que tomará y prepararse para lo que pueda acontecer. Incluso se llega a decir como providencia:

Es aquella parte de la prudencia que le da el nombre a toda ella. Hace referencia a la anticipación en el conocimiento… porque las acciones que ella regula no pertenecen al pasado, ni siquiera propiamente al presente; pertenecen más bien al futuro, y sólo el conocimiento o la anticipación del futuro pueden proporcionarnos datos decisivos en los juicios imperativos de la prudencia.[25]

---

24 Jesús García López, *op. cit.*, p. 273.
25 Jesús García López, *op. cit.*, p. 274.

A continuación (véase cuadro 6), se ejemplifica cómo se vive este cuarto paso de la prudencia según el justo medio entre dos vicios opuestos:

Vicio por defecto	Virtud	Vicio por exceso
Se acelera sin reflexionar en su actuar.	Considera las cosas que se van a realizar; analizando, procura no tener errores: piensa antes de actuar, evita vivir sólo en el hoy y procura ver el mañana.	Deja de actuar al estar pensando en los riesgos que le sucederán.

Cuadro 6. Previsión.

Quien no prevé las cosas que va a hacer es porque se pierde en los detalles o por no considerar que sus acciones pueden tener consecuencias que dañen a los demás.

6. Precaución: una vez vistas las posibles consecuencias de nuestras acciones, examina lo que va a hacer y actuar con hechos concretos una posible contrariedad. Se prepara para llevar a cabo la decisión tomada con los cuidados necesarios para no desviar el éxito, evitar el error o el mal. Conocida como cautela. "En la ejecución de una obra dictada por la prudencia suelen presentarse con frecuencia muchos obstáculos, más o menos grandes. Y es preciso saber esquivarlos o superarlos, para lo cual ayuda mucho contar con ellos, tenerlos previstos".[26]

A continuación (véase cuadro 7), se ejemplifica cómo se vive este cuarto paso de la prudencia según el justo medio entre dos vicios opuestos:

Vicio por defecto	Virtud	Vicio por exceso
Se deja llevar por el ambiente y toma sin control.	Evita amistades que puedan dañarle porque piensan muy distinto a él porque conoce bien a las personas con las que sale.	Se encierra y evita cualquier salida, porque el ambiente le puede dañar.

Cuadro 7. Precaución.

---

[26] Jesús García López, *op. cit.*, p. 275.

La falta de precaución la puede experimentar quien ha visto de antemano lo que puede suceder y no toma acción alguna para sobrellevar la contrariedad, o quien toma demasiadas precauciones que le impiden actuar.

7. Decide: una vez tomadas las precauciones y previstas las consecuencias, o tomado el consejo, ubicándose en el contexto, es decir, se piensa antes de actuar. Ahora nos toca decidir si realizar o no la acción propuesta. Es el *juicio práctico:* hacerlo o no hacerlo. Y adaptarse a los posibles factores inesperados, en esto consiste la *solertia*.[27] Se trata de un acto que apunta a la mejor ruta de actuación con base en los elementos aportados por la deliberación, es decir, toma una elección y evita estar deliberando inacabablemente. La prudencia exige, ordinariamente, una determinación pronta, oportuna, y cuando se equivoca, rectifica y vuelve a tomar una decisión. Sus vicios son la desconfianza al no adaptarse, siendo ésta por defecto la inflexibilidad; y por exceso, quien se adapta perdiendo su criterio.

A continuación (véase cuadro 8), se ejemplifica cómo se vive este quinto paso de la prudencia según el justo medio entre dos vicios opuestos:

Vicio por defecto	Virtud	Vicio por exceso
Decide sin reflexionar, por ansiedad.	Enfrenta los problemas con seguridad, para actuar buscando siempre el bien y el menor de los males.	Retarda una actividad por no saber tomar la mejor decisión.

Cuadro 8. Decisión.

Hay que evitar el vicio por defecto que es la ansiedad y el vicio por exceso que es la indecisión: no saber que opción tomar por lo que busca justificar para no decidir y que otros lo hagan. "Si a veces es prudente retrasar la decisión hasta que se completen todos los elementos de juicio y deciden en

---

[27] "Es una facultad perfectiva por la que el hombre al habérselas con lo súbito, no se limita a cerrar instintivamente los ojos y arrojarse a ciegas a la acción... sino que se haya dispuesto a afrontar objetivamente la realidad con abierta mirada y decidirse al punto por el bien, venciendo toda tentación de injusticia, cobardía o intemperancia". Josef Pieper, *op. cit.*, p. 50.

cambio ocasiones sería imprudente no comenzar a poner por obra, cuanto antes, lo que se debe hacer".[28]

La deliberación puede tomar algún tiempo: es necesario ponderar bien todos los elementos antes de inclinarse por la mejor opción, pero una vez emitido el juicio con el que decide, el imperio impulsa a una acción pronta, segura, firme.

8. Acción ágil: una vez tomada la decisión es necesario actuar con agilidad. El prudente no sólo se limita a deliberar o a juzgar de modo especulativo, tiene también que actuar para llevar a la práctica lo que ha visualizado como lo más conveniente. Es tener iniciativa personal con convicción y plena libertad. No hacerlo u omitirlo, sería imprudente. Con el imperio se manda sobre uno mismo para poner por obra lo antes reflexionado: es lo más específico del comportamiento del hombre prudente[29]. El sabio actúa y, ordinariamente, con *rapidez*, con agilidad. También se le conoce a este acto como *sagacidad*, es la llamada a actuar. "La sagacidad produce con rapidez el mismo efecto que produce la razón cuando se tiene tiempo por delante".[30]

Es frecuente confundir la prudencia con cobardía, Joseph Pieper afirma que el "prudente es el que sabe cuidarse de no pasar por el apurado trance de tener que ser valiente" y la prudencia parecería "el recurso de los que quisieran llegar siempre tarde a los momentos de peligro"[31] como si fuera un cobarde. Tampoco es una total ausencia de emociones en el comportamiento del prudente, especialmente en esta última etapa del imperio o agilidad para actuar.

A continuación (véase cuadro 9), se ejemplifica cómo se vive este último paso de la prudencia según el justo medio entre dos vicios opuestos:

---

[28] Francisco Fernández Carvajal, "Primeros cristianos" en *Antología de textos para hacer oración y para la meditación*. www.clerus.org/bibliaclerusonline/es/czu.htm

[29] *cfr.* Santo Tomás de Aquino, *S. Th.* II-II, q. 47, a. 8.

[30] Jesús García López, *op. cit.*, p. 273.

[31] Josef Pieper, *op. cit.*, p. 35.

Vicio por defecto	Virtud	Vicio por exceso
Deja las cosas para después, mañana, sin acabarlas, por comodidad, negligencia, pereza, etc.	Hace lo que tiene que hacer, no lo deja para después o mañana, y es constante y eficaz al acabar lo que empieza.	Es perfeccionista, meticuloso en su actuar, desgastándose inútilmente.

Cuadro 9. Acción ágil.

Como vicio tanto por defecto como por exceso: es el apasionado e intenso realizador de lo que antes ha meditado lo más fríamente posible. El activismo es el vicio por exceso, que lleva a descuidar otros deberes importantes por llevar a cabo lo que acaba de decidir.

Pieper resume la prudencia en: "Fidelidad de la memoria al ser, disciplina, perspicaz objetividad ante lo inesperado: tales son las virtudes cognoscitivas del prudente. Las tres miran a lo real, al pasado y al presente, a cosas y realidades, por tanto, que son ya de tal modo y no de cual manera y que ostentan en lo que tienen de fáctico el sello de una cierta necesidad".[32]

En este actuar lo importante será terminar y no sólo comenzar. Los vicios por defecto son la inconstancia y la negligencia. La *inconstancia* supone falta de fortaleza por detenerse ante los obstáculos: el inconstante empieza y no acaba las cosas. La *negligencia* supone falta de voluntad por omitir lo que se debe hacer, a veces por olvido, que es señal evidente de poca estima.[33] La negligencia suele ir unida a la pereza y a la indolencia: el *indolente* obra remisamente, su querer es, en mayor o menor medida, *un querer sin querer.*

Al actuar la persona necesita de las demás virtudes cardinales. El sabio por medio del imperio dirige el recto obrar, vence la resistencia de la pereza, del respeto humano, de la vanidad, del egoísmo o cualquier otra pasión o dificultad que se pueda presentar a la acción virtuosa. "La virtud de la prudencia es la madre y el fundamento de las restantes virtudes cardinales: justicia, fortaleza y templanza; que, en consecuencia, sólo aquel que es prudente puede

---

[32] *Ibidem*, p. 51.
[33] *cfr*. Santo Tomás de Aquino, *S. Th.*, II-II, q. 54, a. 2, ad. 1.

ser, por añadidura, justo, fuerte y templado; y que, si el hombre bueno es tal, lo es merced de su prudencia".[34] El prudente es quien, haciendo un conjunto de ejercicios mentales y al examinar en su conjunto los diversos elementos de la decisión, se reduce a la precisión intelectual para actuar.

Cicerón define la prudencia como

el conocimiento de lo que está bien y lo que está mal y lo que no es ni una cosa ni otra. Sus partes son la memoria, la inteligencia y la previsión. La memoria es la facultad que permite al espíritu recordar los acontecimientos pasados; la inteligencia, lo que hace comprender los acontecimientos presentes; y la previsión, lo que permite adivinar las cosas antes de que sucedan.[35]

Es tener presente en el tiempo lo que ha pasado sin dejar el futuro de la acción y actuar en el presente de manera acertada. "La virtud de la prudencia cierra las líneas rotundas del anillo de la vida activa que tiende a la propia perfección: partiendo de la experiencia de la realidad, el hombre dirige sus operaciones sobre la propia realidad de la que parte, y de forma que, a través de sus decisiones y acciones, se va realizando a sí mismo".[36]

Siendo que la virtud es una facultad que perfecciona al hombre, todas las demás virtudes lo son gracias a la prudencia, ya que nos dispone a actuar rectamente. "La prudencia es, por tanto, causa, raíz, "madre", medida, ejemplo, guía y razón formal de las virtudes morales [...] es la media del querer y del obrar [...] y la cosa misma".[37] El hombre es guiado en sus decisiones y de donde surgen las acciones plenamente humanas. "La persona prudente es la que está bien dispuesta respecto a aquellas acciones que hay que realizar con vistas a un buen fin, y por ello quien ordena sus acciones en vista de un fin

---

[34]   *cfr.* Josef Pieper, *op. cit.*, p. 33.

[35]   Marco Tulio Cicerón, *La invención...*, II, 160.

[36]   Pieper, Josef. *op. cit.*, p. 57.

[37]   *Ibidem*, pp. 39-40.

malo, tiene prudencia falsa, ya que lo que toma como fin no es un bien real, sino sólo aparente".[38]

La persona prudente se destaca por ser realista, es decir, es fiel a lo que hay al tener disciplina y perspicacia en la objetividad de lo inesperado. Se mira a lo ya *real*, al pasado y al presente, a cosas y realidades que tienen alguna necesidad.[39] Sin embargo, la prudencia observa el futuro, aquello que va a realizar según el fin propuesto, considerando la experiencia pasada con un acto determinante en el presente.

Es gracias a la prudencia que es posible vivir el resto de las virtudes, así es que su ejercicio requiere de la inteligencia, la memoria y la imaginación para llevar a cabo la acción recta.[40] Sin embargo, esto conlleva la dificultad de su educación, por lo que puede ser educada a una edad más avanzada.

La prudencia tiene dos rostros:[41]

A. Es cognoscitivo y mesurado, está vuelto a la realidad, es decir que refleja la verdad de las cosas reales.
B. Es resolutivo, preceptivo y mesurante, mira al querer y al obrar: se hace visible la norma del obrar.

---

[38] Jesús García López, *op. cit.*, p. 281.

[39] Josef Pieper, *op. cit.*, p. 51.

[40] "Pues Dios no gobierna dando órdenes, sino que es el fin con vistas al cual la prudencia da órdenes (pero la palabra 'fin' es ambigua, como se ha distinguido en otra parte), puesto que Dios no necesita nada" (Aristóteles, *EN*, 1249b).

[41] Josef Pieper, *op. cit.*, p. 193.

2. ¿Cómo vive el prudente?

A continuación (véase cuadro 10), reúno las manifestaciones que tiene la persona prudente, las cuales uno puede ir ejerciendo para vivir la prudencia.

Deliberación-experiencia	Atiendes a las experiencias de otras personas y aprendes de ellas.
	Pasas tu experiencia a otros.
	Apuntas instrucciones y experiencias para no olvidarlas y aplicarlas y mejorarlas.
	Reconoces los resultados y los procesos para repetirlos.
	Pones empeño en estudiar, preguntar, leer experiencias en relación con tu trabajo o deber.
	Tienes un *hobby* o talento que pones en práctica constante.
	Lees los manuales y reglas de lo que tienes, en donde estás y trabajas.
	Siempre buscas recordar una experiencia pasada y conectarla con lo actual.

Circunspección	Sabes ponerte en los zapatos de los demás. Observas lo que pasa a tu alrededor. Consideras las circunstancias de tu posible actuación. Miras a tu alrededor y aprendes de lo que observas. Ves los pros y los contras de lo que vas a hacer. Evitas tomar soluciones rápidas y buscar tu comodidad. Te detienes a pensar y evitas estar adivinando porque no quieres tomarte el tiempo para observar. Si estás enfermo eres consciente de que puedes contagiar a alguien o puedes enfermarte más y evitas lugares llenos o comer cosas frías. Al contratar a una persona buscas antes conocer su historia, su vida, sus trabajos anteriores, etc. Evitas hacer algo sin mirar si tiene aptitudes para eso. Sabes comunicarte en donde estás: una junta, reunión familiar, con amigos, etcétera. Te preguntas siempre: ¿Qué decir? ¿Cómo hacerlo? Según el caso en donde te encuentres. Te sientes cómodo en cualquier situación. Evitas estar agobiado o apenado por lo que pasa. Evitas situaciones de riesgo, como lanzarse al mar por una pelota sin pensar en la marea u olvidar que no sabes nadar, comer algo echado a perder, abrirle la puerta a cualquier extraño, etcétera.

Pedir consejo	Haces caso a las experiencias pasadas o a las de los demás y eliges la mejor opción. Preguntas o investigas, si no sabes cómo es el lugar al que vas. Obedeces las indicaciones de los que las dan porque tienen más experiencia. Preguntas lo que ignoras. Respetas las reglas: tráfico, lugares y juegos. Sabes ceder, tomas el consejo y agradeces. Sabes hacer caso aunque no te caiga bien: porque es más chico o no te gusta su carácter. Pones atención en el momento que están explicando algo. Realizas los encargos con buena cara. Tienes la disponibilidad de aprender de los demás. Aceptas los errores ya que es fácil al hablar contigo porque te dejas decir las cosas. Te dejas ayudar por la gente que te rodea. Te adaptas fácilmente a los ambientes sin querer cambiar todo porque piensas que los demás son incapaces. Mantienes la comunicación con tus autoridades. Sabes escuchar y piensas los comentarios que te hacen y los ponderas. Mantienes una vida sencilla y sin prejuicios. Evitas complicarte la vida innecesariamente con preocupaciones. Buscas tu cuidado y arreglo personal. Te controlas y evitas agredir con facilidad. Evitas cerrarte al criterio propio.

Previsión	Consideras las cosas que vas a realizar, analizando, pensando para no tener errores: piensas en las consecuencias antes de actuar. Piensas las cosas y las proyectas al futuro, así evitas vivir sólo en el hoy y no ver el mañana. Adelantas lo necesario y tienes lo adecuado para evitar estar de mal humor, perder la serenidad, estar bien, etc. Sabes que si la gente es impuntual, hay que citarla antes. Ves con tiempo lo que necesitas para hacer los pendientes y no olvidar nada. Ponderas, callas y esperas para pensar bien. Haces las cosas previendo lo que pueda suceder o necesitarse con investigaciones adecuadas, y no lo haces sólo por cumplir el requisito. Marcas en el calendario los días para hacer los trabajos anuales importantes. Checas los pendientes que tienes anotados para no olvidarlos. Buscas adelantarte a las consecuencias y haces una estrategia para evitar ser atolondrado al no ser previsor. Escoges las medidas y elementos necesarios para tu proyecto. Estás atento a lo que ves o puede suceder. Tomas las medidas necesarias para realizar con éxito lo que te propones. Ves con cuánto tiempo cuentas para hacer algo y te organizas para sacarlo adelante. Ahorras para un futuro: planes, viajes, casa, coche, etcétera. Reflexionas lo necesario y estableces los distintos escenarios para actuar de la mejor manera posible. Haces las cosas con anticipación, anotas fechas para trabajar y evitas dejar todo al final y con poco tiempo. Te conoces y sabes lo que quieres, evitas mentir para quedar bien y tratas a los demás con respeto. Mantienes buen ánimo sin importar lo que suceda. Ante un problema evitas darte por vencido y te pones a trabajar lo necesario sin quejarte.

Precaución	Piensas antes de hablar para no dañar a otros y luego arrepentirte. Antes de hacer algo preguntas para ver si vas bien. Haces caso a las recomendaciones que los expertos te dan: consulta médica, consejo de tu jefe; lees los instructivos de los aparatos o de las cosas que usas. Cumples lo previsto y no cambias con facilidad. Te organizas y evitas la acumulación del trabajo para poder hacer planes. Revisas cómo van las cosas que haces o los proyectos que te has propuesto, para corregir lo que haya que corregir. Mides los peligros o riesgos que pueden surgir al realizar un proyecto. Avisas a quienes te cuidan o protegen en dónde te encuentras: amigos, padres, jefes, etcétera. Mides el tiempo en una actividad para no llegar tarde a lo demás. Pones las condiciones necesarias para trabajar, estudiar, leer, etcétera. Cuidas lo que consumes para no sentirte mal o enfermarte. Te preparas con anticipación para lo que pueda suceder: sacas en la noche la ropa del día siguiente, estudias antes de una prueba, adelantas trabajo, etcétera. Cuidas la puntualidad: calculas salir antes para llegar a tiempo. Evitas las tentaciones y te mantienes firme en lo que prometes.
Decisión	Tienes un criterio y sabes por qué tomas las decisiones, evitas justificarte por no tomar una decisión. Rectificas cuando tomas la decisión incorrecta. Buscas tomar la mejor decisión y enfrentas los problemas de cara al bien. Decides pensando en las experiencias, consejos, opciones de consecuencias y teniendo las precauciones necesarias, por lo que evitas retardar una actividad por no saber tomar la mejor decisión. Tienes seguridad para actuar de acuerdo con lo que decides. Buscas siempre el menor de los males y el mayor de los bienes.

Agilidad	Revisas lo que tienes que hacer y no lo dejas para después o mañana. Haces las cosas bien y buscas hacer el bien aunque cueste llevarlo a cabo. Si ves algo en una persona que le puedes ayudar, no lo dejas para después que podría ser tarde. Reconoces las oportunidades y actúas con agilidad para no dejarlas pasar. Ya tomada la decisión te pones a trabajar sin miedo y actúas con la rapidez que sea necesaria. Eres constante y eficaz al acabar lo que empiezas. Reconoces tus cualidades y evitas detenerte ante las dificultades y las realizas. Realizas las cosas y proyectos aunque no te interesa o conviene. Tomas la decisión y evitas la pena para actuar rápidamente y con convicción.

Cuadro 10. Manifestaciones de la persona prudente.

VI. La justicia

La justicia es la virtud que inclina al hombre a dar a cada uno lo suyo,[1] y se manifiesta en relación con la vida social. Por justicia se entiende como "aquello merced a lo cual se distingue lo propio de lo ajeno".[2] Siendo así que es respetar la propiedad del otro que le pertenece por derecho.

En cuanto a la justicia, el poeta la concibe, personificada en Diké, como la hija de Zeus, encargada de dar cuenta a su olímpico padre de las fechorías de los mortales. A hacerse cargo de todo esto, invita Hesíodo a su hermano Perses, en estas palabras que continúan siendo de eterna frescura: "Míralo bien: atiende a la justicia y olvida la violencia. Los peces y las bestias y los pájaros se devoran entre sí, puesto que entre ellos no existe el derecho. Pero el hijo de Cronos ha dado a los hombres la justicia, y es con mucho lo mejor que tienen.[3]

Es vivir la verdad junto con el prójimo; sin la verdad se cae en injusticia[4] al no considerar la realidad de la situación en la que el otro se encuentra. "El distintivo peculiar de la virtud de la justicia es que tiene por misión ordenar

---

[1] "Parece que es injusto el transgresor de la ley, pero lo es también el codicioso y el que no es equitativo; luego es evidente que el justo será el que observa la ley y también el equitativo" (Aristóteles, *EN*, 1129b).

[2] Josef Pieper, *op. cit.*, p. 88.

[3] Antonio Gómez Robledo, *op. cit.*, p. 96.

[4] Josef Pieper, *op. cit.*, p. 18.

al hombre en lo que dice relación a otro […] mientras que las demás virtudes se limitan a perfeccionar al ser humano exclusivamente en aquello que le conviene cuando se lo considera tan sólo en sí mismo".[5]

La justicia recae en la reciprocidad entre las partes, uno quien actúa y el otro quien recibe la acción. No se reduce a una justicia conmutativa, que rige el intercambio entre iguales, sino que lleva a orientar toda la vida rectamente al bien común.[6] Perfecciona a la voluntad, facultad que decidirá si da al otro lo suyo en concordancia con la realidad, si tiende al bien común o no. "Lo que se recibe o adquiere tiene que estar acomodado o ser congruente con la naturaleza del sujeto que lo recibe o lo adquiere".[7] Sin justicia no es posible para los hombres vivir juntos en paz, al caer en egoísmo.

"Ser justo significa reconocer al otro en cuanto otro, o lo que viene a ser lo mismo, estar dispuesto a respetar cuando no se puede amar".[8] La justicia, al ser una virtud social, se debe comprender según las relaciones humanas. Al reconocerse a uno mismo, reconoce en el otro el mismo valor y, por ende, lo trata con dignidad.

El hombre goza de tres tipos de relaciones:[9]

1. Las relaciones de los miembros entre sí (justicia conmutativa).
2. La relación del todo hacia los miembros (justicia distributiva).
3. Las relaciones de los miembros aislados al todo (justicia legal).

El hombre con la justicia tiene una obligación del individuo respecto al bien común, así como toda virtud del individuo es necesaria para el bienestar de todos.[10] La justicia se desarrolla en la convivencia con el otro, es tener una deuda y pagarla a quien se le debe.

---

[5] *Ibidem*, p. 99.

[6] Evencio Cófres y Ramón García de Haro, *Teología Moral Fundamental*, p. 436 y ss.

[7] Jesús García López, *op. cit.*, p. 286.

[8] Josef Pieper, *op. cit.*, p. 100.

[9] *Ibidem*, p. 123.

[10] *cfr. Ibidem*, p. 19.

San Agustín toma la justicia como la más alta de las virtudes cardinales, ya sea por sus estudios en derecho o por el hecho que se asemeja a Dios, define la justicia como

la disposición del alma exigida por la utilidad social que da a cada uno su mérito [...]. Hay un derecho natural que no es fruto de la opinión, sino que una fuerza innata lo ha inculcado como religión, piedad, gratitud, acción de la justicia, observancia y veracidad.

1. La religión es la que aporta el cuidado y el culto de una naturaleza superior, que llaman divina.
2. La piedad consagra a los parientes y a la patria el deber magnánimo y el servicio atento.
3. La gratitud supone el reconocimiento de las amistades y de los deberes mutuos y la voluntad de corresponderlos.
4. La observancia hace dignas de algún respeto y honor a las personas que sobresalen por algún mérito.
5. La veracidad manifiesta sin alteración las cosas tal como son, presentes, pasadas o futuras [...].
6. La equidad es lo que para todos es igual.
   Por ley se entiende lo que, codificado por escrito, es promulgado al pueblo para que lo observe.[11]

Santo Tomás de Aquino acogió la definición de la virtud de la justicia de los juristas romanos: "La voluntad constante y perpetua de dar a cada uno lo que es suyo" y la complementa: "La justicia es el hábito mediante el cual se da a cada uno lo suyo con voluntad constante y perpetua".[12] El objeto de la virtud de la justicia es dar a cada uno su derecho, dar o respetar esto que es suyo y le es debido: la vida, la libertad, los bienes de los que es legítimo propietario, la fama, etcétera.

---

[11] San Agustín, "Cuestión 31", en *Ochenta y tres cuestiones diversas*, *Retract.* 1,26,31.
[12] Santo Tomás de Aquino, *S. Th.*, II-II, q.58, a.1.

"Toda acción externa tiene una trascendencia social. No se habla sin ser oído. No se hace uso de una cosa sin que la cosa de que se hace uso sea propia o ajena".[13] Así como el hombre tiene diferentes tipos de relaciones en las que se desarrolla, hay varios tipos o niveles de justicia:

Justicia conmutativa

Es una justicia conocida como reparadora "porque sólo en el caso de la mutua relación entre individuos puede realmente decirse que cada una de sus partes haga frente a la recíproca como otro independiente".[14] Es la justicia que se da entre iguales y tiene estas tres características: la *alteridad*, lo *debido* y la *igualdad*. "Reconoce que todo hombre, por el hecho de ser hombre, tiene la misma personalidad, subjetividad y fundamental dignidad".[15] Es reconocer en el otro, al extraño, los mismos derechos que tenemos por el simple hecho de ser personas. Al hablar del derecho nos referimos al vínculo irrevocable e inalienable que liga a cada uno con los bienes que posee por naturaleza (la vida, la libertad, la fama, etc.) o que ha adquirido legítimamente, y que son necesarios para la vida y para el desarrollo personal.[16]

La justicia exige "el reconocimiento del vínculo irrevocable e inalienable que existe entre las otras personas y sus bienes. Es el derecho que cada uno tiene a lo suyo, es un acto fuera de uno mismo, de autotrascendencia de la persona. Es el reconocimiento del otro en su personalidad y subjetividad es la condición primera y esencial de la vida social".[17] Esta relación se realiza por medio de un contrato, "el contrato no significa tan sólo la afirmación de uno

---

[13]   Josef Pieper, *op. cit.*, p. 109.

[14]   *Ibidem*, p. 129.

[15]   Kant dice: "Obra de tal modo que uses la humanidad, tanto en tu persona como en la persona de cualquier otro, siempre como un fin al mismo tiempo y nunca solamente como un medio". Immanuel Kant, *Metafísica de las costumbres*, p. 44; AA IV, 429.

[16]   fdocuments.ec/document/capitulo-iii-la-justicia-eticae-sobre-este-trasfondo-se-entiende-la-justicia.html

[17]   *cfr.* fdocuments.ec/document/capitulo-iii-la-justicia-eticae-sobre-este-trasfondo-se-entiende-la-justicia.html

mismo, sino también, y al propio tiempo, la obligación de dar al otro lo que le corresponde".[18] Es la base y fundamento de la justicia conmutativa.

Justicia legal

Es la justicia que ordena las personas al bien común de la sociedad, moviendo a cada uno a dar voluntariamente la propia contribución para el bienestar de toda la sociedad. "No cosa alguna que sea de su exclusiva pertenencia, sino la participación en lo que pertenece a todos".[19] El bien común es objeto de la justicia legal. Y por ello, busca como fin el bien común y todo aquello que lo permita, como también puede gobernar sobre otras virtudes, por ejemplo, la templanza en controlar el consumo de alcohol al poner alcoholímetros para que no circulen personas en estado de ebriedad en la calle y así evita poner en peligro a los inocentes.

Cicerón define la justicia en orden a la utilidad común y según el trato de la propia dignidad: "Un hábito que conservando la utilidad común concede a cada uno su dignidad".[20] Dentro de las virtudes, la virtud de la justicia está más próxima a la razón y también porque dice relación a los demás. Es por eso que san Agustín la enaltece más que la prudencia ya que hace al hombre salir de sí mismo en busca de un bien trascendente. La justicia distributiva: "No cosa alguna que sea de su exclusiva pertenencia, sino la participación en lo que pertenece a todos".[21] Ya no depende de un vínculo o contrato entre iguales, sino que se ve salvaguardada por una autoridad superior que vela por los intereses de la comunidad cara al bien común.

---

[18] Josef Pieper, *op. cit.*, p. 131.

[19] *Ibidem*, p. 138.

[20] Marco Tulio Cicerón, *La invención...*, II, 160. "La justicia es un estado mental que preserva los intereses de la comunidad y garantiza a cada uno lo que merece".

[21] Josef Pieper, *op. cit.*, p. 138.

Justicia social

Esta justicia tiene que ver con el mundo y la globalización, es un deber de los individuos y de toda la sociedad en su conjunto. Aristóteles sitúa esta justicia en el centro de la moral, es la primera entre las virtudes morales. El justo no lo es sólo para gobernarse a sí mismo sino también sobre todo en relación a los demás en cualquier ámbito en el que se encuentra el hombre: social, político, económico, etc. El peor de los hombres es el injusto.

La autoridad debe poner las condiciones para que todos puedan acceder a los bienes que les son propios, sin perder el bien común. La justicia social impone a cada individuo deberes concretos frente al bien común que caen dentro de la justicia general. La justicia social va más allá de la justicia conmutativa y de la legal.

El respeto a la persona humana pasa por saber responder a la autoridad que sea sobre el principio que cada uno, sin ninguna excepción, debe considerar al prójimo como *otro yo* con derechos y deberes, cuidando, en primer lugar, de su vida y de los medios necesarios para vivirla dignamente. Es por eso que las leyes deben actuar de acuerdo con la naturaleza, ya que es por medio de la observación de la misma se encuentran las leyes: "Tuvo su origen en la naturaleza; luego, la utilidad convirtió en costumbre ciertas reglas de conducta; más adelante, el temor a las leyes y el sentimiento religioso sancionó estos principios que tenían su origen en la naturaleza y habían sido aprobados por la costumbre".[22] Frente a los temores ante la intransigencia y violación de los derechos y del bien común, es necesario reforzar acciones que permitan comportamientos solidarios que ve en cada hombre un igual.

La persona justa es buena, siendo así que tiene un carácter eminentemente social: dispone a respetar los derechos de cada uno; promueve la equidad respecto a las personas y al bien común; y establece armonía en las relaciones humanas. La justicia así como sus partes van a alojar otras virtudes secundarias que nos permiten crecer en el bien común. Con la justicia hacemos

---

[22] Marco Tulio Cicerón, *La invención...*, II, 160.

propia la obra o cumplimos la propia tarea.[23] En cambio, la injusticia es el mal, el incumplimiento de lo debido.

Las virtudes que se relacionan con la justicia son las siguientes. En las dos primeras no hay igualdad, sino que hay una desproporción:[24]

- Religión: respeto y culto debido a Dios[25] que parte de una relación o implicación en la existencia del hombre.

Los hombres los piden a los dioses y los persiguen, pero no deben hacerlo, sino pedir que los bienes absolutos sean también bienes para ellos, y escoger los que son bienes para ellos. El injusto no siempre escoge la parte mayor, sino también la menor cuando se trata de males absolutos; pero, como parece que el mal menor es también, en cierto modo, un bien, y la codicia lo es de lo que es bueno, parece, por esta razón, codicioso (Aristóteles, *EN*, 1129b).

Debido a que no estamos aquí por nosotros mismos, el hombre se da cuenta de que hay algo más que le permite ser. Cicerón define esta virtud como el culto a aquellas cosas que llamamos divinas.[26] Santo Tomás de Aquino afirma que la religión es más próxima a Dios en cuanto que está más próxima a lo divino:[27] *a)* Por exceso es el fanático y *b)* Por defecto es el supersticioso, el que tiene "miedo a los dioses",[28] o el ateo.

---

[23] Josef Pieper, *op. cit.*, p. 119.

[24] *Ibidem*, p. 163.

[25] "Esto es evidente también cuando elogiamos a los dioses, pues aparece como ridículo asimilarlos a nosotros, y esto sucede porque las alabanzas se refieren a algo, como dijimos. Y si la alabanza es de tal índole, es claro que de las cosas mejores no hay alabanza, sino algo mayor y mejor. Y éste parece ser el caso, pues de los dioses decimos que son bienaventurados y felices, y a los más divinos de los hombres los llamamos bienaventurados" (Aristóteles, *EN*, 1101b).

[26] Marco Tulio Cicerón, *Sobre la naturaleza de los dioses*, Cap. I, 2. "La piedad, no obstante, igual que el resto de las virtudes, no puede existir en una simple apariencia ficticia y simulada; y, junto con la piedad, tienen que desaparecer de igual manera la veneración y la religión. Y, una vez eliminadas estas cosas, la vida es toda ella en seguida perturbación y confusión".

[27] Santo Tomás de Aquino, *S. Th.*, II-II, q. 81, a. 6.

[28] Teofrasto, *Caracteres*, p. 25.

A continuación (véase cuadro 11), se ejemplifica cómo se vive esta virtud según el justo medio entre dos vicios opuestos:

Vicio por defecto	Virtud	Vicio por exceso
No cree en Dios: ateísmo.	Reconoce que hay un Ser superior.	Fanatismo.

Cuadro 11. Religión.

Tanto el defecto como el exceso de la religión lleva a las personas a desplazar la creencia, respeto y culto a cualquier persona que ve a la autoridad. "Es el intento de responder lo más adecuadamente posible al hecho de una relación de débito que es inadecuada de por sí, ya que no puede ser jamás satisfecha con una clara restitución".[29]

Es imposible pagar dicha deuda de la existencia, así como lo va a ser la piedad, dado que los padres son quienes nos traen a la existencia, se requiere un respeto y obediencia a su autoridad. Mientras que la justicia regula sobre las obras externas, la religión se refiere a los actos internos, concretamente a la devoción y a la oración,[30] los cuales se expresan en la adoración, los sacrificios y los rezos.[31]

- Piedad: respeto y obediencia debida a los progenitores[32] ante la existencia o a la patria,[33] por lo que esta deuda también es impagable.

---

[29] Josef Pieper, *op. cit.*, p.165.

[30] *cfr.* Jesús García López, "La justicia" en *Virtudes*, Asociación Almudí. www.almudi.org/recursos/virtudes/9722-La-justicia

[31] Jesús García López, *El sistema de las virtudes humanas*, p. 310.

[32] "La amistad de los padres hacia los hijos y la de los hombres hacia los dioses son como una inclinación hacia lo bueno y superior, puesto que los padres han realizado los mayores bienes, al ser la causa de la existencia y crianza de sus hijos, y luego, de su educación. Tal amistad encierra más placer y utilidad que la amistad entre extraños, en la medida en que su vida tiene más en común" (1162a).

[33] Jesús García López, *op. cit.*, p. 311.

En la justicia también hay diferencias; pues lo que es justo para los padres hacia los hijos, no es lo mismo entre hermanos, ni entre compañeros que entre ciudadanos, e, igualmente, en las restantes clases de amistad. De acuerdo con esto, también las cosas injustas son distintas en cada caso, y la injusticia aumenta cuanta más amistad hay; así, es más grave quitar dinero a un compañero que a un ciudadano, y no socorrer a un hermano que a un extraño, y pegar a un padre que a uno cualquiera (Aristóteles, *EN*, 1160a).

Gracias a los padres tenemos la vida, sin ellos no estaríamos aquí, por lo que es nuestro deber de existir a ellos. Santo Tomás aclara la relación de los padres es una relación de justicia, un tipo de amistad distinta de los amigos, ya que

de dos maneras se hace un hombre deudor de los demás: según la diversa excelencia de los mismos y según los diversos beneficios que de ellos ha recibido. En uno y otro supuesto, Dios ocupa el primer lugar, no tan sólo por ser excelentísimo, sino también por ser el primer principio de nuestra existencia y gobierno. Aunque de modo secundario, nuestros padres, de quienes nacimos, y la patria, en que nos criamos, son principio de nuestro ser y gobierno. Y, por tanto, después de Dios, a los padres y a la patria es a quienes más debemos. De ahí que como pertenece a la religión dar culto a Dios, así, en un grado inferior, pertenece a la piedad darlo a los padres y a la patria. Mas en el culto de los padres se incluye el de todos los Consanguíneos, pues se los llama así precisamente porque proceden de los mismos padres, como consta por las palabras del Filósofo en el VIII *Ethic*. Y en el culto de la patria va implícito el de los conciudadanos y el de todos los amigos de la patria. Por lo tanto, a éstos principalmente se extiende la virtud de la piedad.[34]

Por exceso es estar bajo la dictadura paterna y por defecto deshonrar a los padres.

---

[34] Santo Tomás de Aquino, *S. Th.*, II-II, q. 101, a. 1, respondo.

A continuación (véase cuadro 12), se ejemplifica cómo se vive esta virtud según el justo medio entre dos vicios opuestos:

Vicio por defecto	Virtud	Vicio por exceso
No tiene respeto alguno por los mayores.	Da el paso a los mayores o les deja el asiento.	Les tiene miedo a sus padres y por eso los respeta.

Cuadro 12. Piedad.

Al igual que la religión, el exceso y el defecto de la piedad lleva a desplazar el respeto y obediencia de los padres a cualquier persona que implique autoridad. Tanto Dios como los padres reciben la piedad, por lo tanto, ser piadoso agrada tanto a los padres como a Dios,[35] sin embargo, la relación con algo divino recae en la religión más que en la piedad. Santo Tomás también habla de la patria como parte de la piedad,[36] que en la observancia se puede expresar de una mejor manera.

El primer hábito bueno o virtud que hay que inculcar en el niño es el hábito de escuchar. Y eso se logra empezando por escucharlo. El hábito de escuchar es necesario para que pueda ser educado en la obediencia. Obediencia viene del latín *obaudire*, que quiere decir 'escuchar'. Es necesario que el niño aprenda a escuchar a sus mayores. Y el niño aprende de los mayores a escuchar, solamente si, a su vez, él es escuchado por ellos. Los niños que no escuchan por lo general vienen de padres que no los escucharon.[37]

Tanto la piedad que obedece porque escucha, se relaciona con la observancia al escuchar a la autoridad legítima.

---

[35] "[...] la piedad sería la ciencia de las peticiones y ofrendas a los dioses" (Platón, *Eutifrón*, 14d).

[36] Josef Pieper, *op. cit.*, p. 167.

[37] Horacio Bojorge, *La casa sobre roca*, VIII, 12.

- Observancia: es el respeto y obediencia debida a su autoridad legítima a la que debemos responder de nuestros actos civiles.

Pero las leyes se ocupan de todas las materias, apuntando al interés común de todos o de los mejores, o de los que tienen autoridad, o a alguna otra cosa semejante; de modo que, en un sentido, llamamos justo a lo que produce o preserva la felicidad o sus elementos para la comunidad política (1129b).

Por exceso está el servilismo y por defecto el desacato, también "la oligarquía es una cierta ansia de mandar, con el propósito de sobresalir en autoridad y fortuna".[38]

A continuación (véase cuadro 13), se presenta un ejemplo de cómo se vive esta virtud según el justo medio entre dos vicios opuestos:

Vicio por defecto	Virtud	Vicio por exceso
Desobedece al profesor, a su jefe, al árbitro y los agrede cuando puede.	Obedece y respeta al profesor, al jefe, al árbitro, sin agredirlos cuando no está de acuerdo.	Se deja pisotear y manipular por la autoridad.

Cuadro 13. Observancia.

Que a las personas constituidas en dignidad corresponde el gobierno de sus súbditos. Y que la acción de gobernar consiste en mover a alguien hacia su debido fin, como gobierna el piloto la nave dirigiéndola hacia el puerto. Pero todo aquel que mueve tiene una cierta excelencia y poder sobre lo que es movido. De ahí la necesidad de que en la persona constituida en dignidad se considere: primero, la excelencia de su estado, acompañada de cierto poder sobre los súbditos; y segundo, su oficio de gobernante. Por razón, pues, de su excelencia se les debe honor, que es un cierto reconocimiento de la excelencia de una persona. Y por su oficio se les debe culto, el cual consiste en una

---

[38] Teofrasto, *op. cit.*, p. 35.

cierta sumisión que uno pone de manifiesto al obedecer sus órdenes y al corresponder, según sus posibilidades, a los beneficios que de ellos recibe.[39]

Al igual que la piedad y la religión, es necesario regular la autoridad social, tanto el exceso como el defecto ante esta virtud es notable en los gobiernos del mundo ante los problemas civiles. "En lo que en los funcionarios se honra es el cargo y también la comunidad que dirigen".[40] Esto significa que no se puede caer en el desacato ni en el desprecio por parte de los individuos a la dignidad que representan en la comunidad los funcionarios.

Es por medio de las virtudes que buscan el bien de la persona, así como el bien común que es posible mejorar la sociedad, sin embargo, sigue sin ser redituable la deuda que representan estas tres virtudes.

- Veracidad: Sinceridad en las palabras y los gestos, siempre muestran la verdad en relación con los demás. Aristóteles describe la veracidad como una conducta frente a la verdad:

Así pues, con respecto a la verdad, llamemos veraz al que posee el medio, y veracidad a la disposición intermedia; en cuanto a la pretensión, la exagerada, fanfarronería, y al que la tiene, fanfarrón; la que se subestima, disimulo, y disimulador, al que la tiene. Respecto del que se complace en divertir a los otros, el término medio es gracioso, y la disposición, gracia; el exceso, bufonería, y el que la tiene, bufón; y el deficiente, su disposición, rusticidad (1108a).

No sólo en tanto tenerla, sino que en tanto comunicarla al otro y de poseerla.[41] No se trata de decir las cosas sin importar si ofendemos con la excusa de ser verdad. Por defecto está la mentira y la hipocresía, y por exceso está la difamación. Teofrasto habla de la falsedad como: "Parece una simulación de acciones y palabras que va de mal en peor".[42]

---

[39] Santo Tomás de Aquino, *S. Th.*, II-II, q. 102, a. 2, respondo.

[40] Josef Pieper, *op. cit.*, p. 168.

[41] Jesús García López, *op. cit.*, p. 315.

[42] Teofrasto, *op. cit.*, p. 9.

Vicio por defecto	Virtud	Vicio por exceso
"Llega a decir mentiras y actúa con trampa, para justificarse o evitar las consecuencias de sus actos".	"Acepta sus errores y dice la verdad por más que le cueste hacerlo o le traiga consecuencias".	"Dice la verdad inoportunamente, y se justifica porque es la verdad".*

* Salud, Valores y Deporte (svd), "Disciplina", *Definición y descripción de valores.* saludvaloresydeporte.org/disciplina_familias.php

Cuadro 14. Veracidad.

Santo Tomás se pregunta acerca de la relevancia de la verdad como un acto de justicia, a lo que concluye:

Ahora bien: la virtud de la verdad coincide con la justicia en dos notas: una, en lo de referirse a otro. Y, en efecto, manifestar —como dijimos (a.2 ad.3)— es acto de la verdad dirigido a otro en cuanto que un hombre es a otro a quien expone lo que lleva en sí. La segunda, en cuanto que la justicia establece cierta igualdad entre las cosas, que es lo mismo que hace la verdad al establecer una ecuación entre los signos y la realidad de lo que hay en su interior.[43]

No basta decir la verdad, enfrentar los hechos, sino el saberla comunicar, debido a que es una virtud social, no se puede dejar de lado la función de relación con los demás.

- Gratitud: inclina a corresponder en algún modo a la benevolencia o los favores que otros tienen con nosotros, sin encontrarse obligado, ni coaccionado a pagar la deuda o favor.[44] La gratitud se da en el momento oportuno:[45]

---

[43] Santo Tomás de Aquino, *S. Th.*, II-II, q. 102, a. 3, respondo.

[44] *cfr.* Josef Pieper, *op. cit.*, p. 170.

[45] Jesús García López, *op. cit.*, p. 315.

1. Que el hombre reconozca el beneficio recibido.
2. Que alabe o dé gracias a quien se lo ha hecho.
3. Que devuelva el beneficio en el momento oportuno.

En efecto, los hombres buscan, o devolver mal por mal (y si no pueden, les parece una esclavitud), o bien por bien, y si no, no hay intercambio, y es por el intercambio por lo que se mantienen unidos. Es por ello por lo que los hombres conceden un prominente lugar al santuario de las Gracias para que haya retribución, porque esto es propio de la gratitud: devolver un servicio al que nos ha favorecido, y, a su vez, tomar la iniciativa para favorecerle (1133a).

Es la virtud que lleva a corresponder a los servicios que otros le prestan. Por defecto está el desagradecido (quien invierte el orden del agradecido) y por exceso está la adulación (véase cuadro 15).

Vicio por defecto	Virtud	Vicio por exceso
Piensa que quienes lo ayudan es porque tiene el derecho y se lo merece, sin agradecerlo.	Se da cuenta de que está siendo ayudado por los demás y que no se merece todo lo que recibe, por lo que lo agradece sirviendo.	Sin tener derecho a un apoyo, lo logra a base de regalos y palabras elogiosas.

Cuadro 15. Gratitud.

Lo que es objeto de gratitud por parte de la persona favorecida es la gracia que ella recibió del bienhechor. Por lo que, donde la gracia es mayor por parte del donante, se requiere por parte del donatario una gratitud mayor. Ahora bien: gracia es aquello que se da gratis; y, según esto, por parte del donante, la gracia puede ser mayor de dos maneras. En primer lugar, por la cantidad del don [...]. En segundo lugar, la gracia puede decirse que es mayor en cuanto más gratuitamente se concede.[46]

---

[46] Santo Tomás de Aquino, *S. Th.*, II-II, q. 106, a. 2, respondo.

El agradecido no es aquella persona que busca adular, ni se siente en deuda con otro, sino es quien reconoce en los pequeños detalles los beneficios que recibe. "Quien procura devolver con excesiva presteza los beneficios es deudor contra su voluntad y un ingrato".[47]

- Reparación (*vindicatio*): pretende obtener reparación por las injurias recibidas, busca reivindicar el daño hecho; no se refiere al castigo de los delitos por parte de las autoridades; sino de manera personal, entre iguales. Aristóteles habla de la venganza como una falta de justicia, provocada por una injusticia:

Además, si uno juzga ignorando, no actúa injustamente según la justicia legal, ni su juicio es injusto, excepto en un cierto sentido, porque la justicia legal es distinta de la primaria; pero si con conocimiento juzgó injustamente, es que pretende tener más o de gratitud o de venganza. Como también en el caso de quien se asigna una parte de un beneficio injusto: el que por dichos motivos juzga injustamente quiere más; pues si la injusta ganancia que resulta de su juicio es un campo, él no recibe tierras, sino dinero (1137a).

El sentimiento de venganza debe ser regulado por la templanza, al mismo tiempo que debe ser regulado por la justicia cuando la venganza incita a una acción determinada.

Por exceso sería la venganza y por defecto la indiferencia (véase cuadro 16).

Vicio por defecto	Virtud	Vicio por exceso
Permanece indiferente ante los daños provocados a los demás.	Enmienda los daños que ha provocado a los demás. Devuelve la fama a quien se la quitó.	Se obsesiona con el daño que le hicieron y no perdona. Busca devolver la ofensa.

Cuadro 16. Reparación.

Santo Tomás de Aquino lo distingue claramente:

47 Josef Pieper, *op. cit.*, p. 170.

A la venganza se oponen dos vicios. Uno, por exceso, a saber: el pecado de crueldad o sevicia, que se extralimita en el castigo. Otro, por defecto, como cuando se es demasiado remiso en la aplicación del castigo merecido; por lo que en Prov. 13,24 se nos dice: Quien escasea en el uso del palo, odia a su hijo. La virtud, pues, de la venganza consiste en guardar la proporción debida en el castigo, habida cuenta de todas las circunstancias.[48]

- Afabilidad: hace decorosa y grata la relación con el prójimo gracias a la amabilidad y delicadeza en el trato mutuo, haciendo así la vida agradable a las demás, en especial con los que más convive.[49] Es por medio de la afabilidad que la convivencia humana se hace menos inhumana.[50]

Aristóteles la define como: "En cuanto al agrado en las restantes cosas de la vida, el que es agradable como se debe es amable, y la disposición intermedia, amabilidad; el excesivo, si no tiene mira alguna, obsequios si es por utilidad, adulador, y el deficiente y en todo desagradable, quisquilloso y malhumorado" (1108a).

Por exceso de afabilidad Teofrasto habla del adulador "una conducta indecente de quien manipula para su propio provecho".[51] Es hacer que las personas se sientan tan bien contigo, como el sofá de su casa.[52] Por defecto están los malos modos, el ser grosero y por exceso la afectación en el trato.

---

[48] Santo Tomás de Aquino, *S. Th.*, II-II, q. 108, a. 3, ob. 2.

[49] Santo Tomás la define como una parte de la amistad: "Como antes quedó explicado (q.109 a.3 ad 1), puesto que el hombre es por naturaleza un animal social, se le exige por una cierta honestidad decir la verdad a los demás, sin la cual no sería duradera la sociedad humana. Y que así como el hombre no podría vivir en sociedad sin la verdad, tampoco sin la delectación, porque, según el Filósofo en VIII *Ethic.*, nadie puede convivir todo un día con una persona triste o desagradable. Por tanto, el hombre está obligado por un cierto deber natural de honestidad a convivir afablemente con los demás, a no ser que por alguna causa sea necesario en ocasiones entristecer a alguno para su bien". Santo Tomás de Aquino, *S. Th.*, II-II, q. 114, a. 2, ob. 1.

[50] Josef Pieper, *op. cit.*, p. 170.

[51] Teofrasto, *op. cit.*, p. 10.

[52] Aristóteles en la *Ética eudemia* (en adelante abreviada como *EN*) retoma este punto y lo resume como: "La amabilidad es un término medio entre el desabrimiento y la adulación. En efecto, aquel que se acomoda fácilmente a los deseos es adulador; aquel que choca con todos es desabrido, y

Vicio por defecto	Virtud	Vicio por exceso
Le hace la vida imposible a los demás con palabras o actitudes.	Trata bien a sus compañeros con buenos modos. Saluda a todos los que ve. Sabe pasar por alto los defectos de los demás.	Cuida sus modales con hipocresía, pero por dentro quisiera no hacerlo.

Cuadro 17. Afabilidad.

Es importante distinguir el buen trato y los buenos modos que tenemos de quienes tienen nuestro favor, es decir, los amigos y familiares, quienes facilitan el buen trato, sin embargo, la afabilidad permite tratar bien a desconocidos, como lo expone Aristóteles:

En efecto, si añadimos el cariño al hombre que tiene este modo de ser intermedio, tendremos lo que llamamos un buen amigo. Pero este modo de ser se distingue de la amistad por no implicar pasión ni afecto hacia los que trata, ya que no es por amor u odio por lo que lo toma todo como es debido, sino por ser un hombre de tal carácter. Pues actuará de igual manera con los desconocidos y con los conocidos, con los íntimos y con los que no lo son, pero, en cada caso, como es adecuado, pues uno no debe mostrar el mismo interés por los íntimos que por los extraños ni causarles penas semejantes (1127a).

Actualmente se entiende como *tener buenos modales* o *ser educado*, no es necesario tener un apegamiento para tratar bien a los demás. Esto tiene que ver con el imperativo categórico de Kant: "Trata a los demás siempre como fin y nunca como medio",[53] es decir tener en cuenta que las demás personas son igualmente dignas de buen trato así como nosotros merecemos un trato digno.

---

aquel que no se asocia ni se opone a cualquier placer, sino que cede en lo que parece ser lo mejor, es amable" (Aristóteles, *EN*, 1233b).

[53] Immanuel Kant, *op. cit.*, p. 44; AA IV, 429.

- Solidaridad: busca enseñar lo que uno sabe a otros que carecen de los conocimientos necesarios para mejorar su vida como un beneficio,[54] por lo que "es la determinación firme y perseverante de empeñarse por el bien común; es decir, por el bien de todos y cada uno, para que todos seamos verdaderamente responsables de todos".[55] En virtud del principio de solidaridad contribuye con sus semejantes al bien común de la sociedad, a todos los niveles.[56]

Las virtudes se distinguen entre sí por las razones formales de sus objetos. Ahora bien, la caridad y la beneficencia tienen la misma razón formal de su objeto, pues ambas consideran la razón común de bien, como queda demostrado (a.1). Por tanto, la beneficencia no es virtud distinta de la caridad, sino que indica un acto de ella.[57]

Por defecto está el individualismo social o político y por exceso el descuidar sus primeras obligaciones por ayudar a los demás (véase cuadro 18).

Vicio por defecto	Virtud	Vicio por exceso

---

[54] Aristóteles concibe la solidaridad como un beneficio entre amigos y para los desconocidos como la hospitalidad: "Tales amigos no suelen convivir mucho tiempo, pues a veces ni siquiera son agradables los unos con los otros; tampoco tienen necesidad de tales relaciones, si no obtienen un beneficio recíproco; pues sólo son agradables en tanto en cuanto tienen esperanzas de algún bien. Bajo tal amistad se sitúa también la hospitalidad entre extranjeros" (1156a).

[55] Juan Pablo II, *Solicitudo Rei Socialis*, p. 39.

[56] Santo Tomás aclara que la solidaridad es un acto de amistad ya que hay beneficencia: "La beneficencia no implica otra cosa que hacer bien a alguien, y este bien lo podemos considerar de dos maneras. La primera en el aspecto general de bien. Esto atañe a la modalidad común de beneficencia, convirtiéndose entonces en acto de amistad, y, por consiguiente, de caridad. El acto de amor, en efecto, entraña la benevolencia con la que el hombre desea el bien para el amigo, como ya hemos expuesto (q.23 a.1; q.27 a.2). Y dado que la voluntad es realizadora de lo que quiere, si puede, síguese de ello que hacer bien al amigo es una consecuencia del amor que se le tiene. Por eso la beneficencia, en su aspecto general, es acto de amistad o de caridad. Pero si consideramos en un aspecto particular el bien que se hace a otro, entonces la beneficencia en sí misma adquiere distintas modalidades específicas y pertenece a una virtud especial". Santo Tomás de Aquino, *S. Th.*, II-II, q. 31, a. 2, respondo.

[57] Santo Tomás de Aquino, *S. Th.*, II-II, q. 31, a. 4, respondo.

| No tiene espíritu de servicio: puede ayudar y no lo hace. En los trabajos en equipo busca hacer lo menos posible, etcétera. | Trabaja en equipo. Sabe la importancia del tiempo y busca no retrasar el trabajo de los demás. Evita pelearse con frecuencia. | Por ayudar a otros, descuida sus responsabilidades en el trabajo y en la sociedad, etcétera. |

Cuadro 18. Solidaridad.

La solidaridad tiene como consecuencia tres factores:

a) Sentimiento de la unidad y dependencia entre el ego y el *alter ego*.
b) Idea de la interdependencia fáctica (de hecho dependemos unos de otros).
c) Idea de la interdependencia moral (debemos trabajar por el bien común).

- Subsidiariedad: deriva del latín *subsidium* que significa: "Dar, proporcionar, venir en ayuda de alguien" que, teniendo el deber y la condición para hacer una cosa, no puede llevarla a cabo por sí solo.[58] "Es una ayuda que no sustituye al sujeto, sino que lo apoya para que crezca y pueda posteriormente hacerlo por sí mismo".[59] Por exceso está el paternalismo y por defecto la insensibilidad (véase cuadro 19).

Vicio por defecto	Virtud	Vicio por exceso
Explota a sus trabajadores, no los educa y exige sin importarle sus capacidades.	Capacita a otros en lo que no saben para que puedan dar todo lo posible.	No les exige, les disculpa todo, los suple en lo que no saben, etcétera.

---

[58] Aristóteles afirma que es imposible tener muchos amigos, aunque existe una camaradería y hospitalidad frente a otros conocidos: "Es posible ser, ciertamente, amigo de muchos, y no ser complaciente, sino por verdadera bondad de carácter; pero es imposible ser amigo de muchos por excelencia y por ellos mismos, y uno debería sentirse satisfecho de encontrar pocos de tales amigos" (1171a).

[59] Salud, Valores y Deporte (SVD), "Disciplina", *Definición y descripción de valores*.

Cuadro 19. Subsidiariedad.

La subsidiariedad se divide en tres clases en relación con el Estado:[60]

1. Es ayudar a que personas y colectivos sociales aporten al bien común desde sí mismos. Considera al hombre como un ser que *da*, que *dona*, que *aporta*:
    - Capital humano: por el hecho de ser hombres, están disponibles para donar algo.
    - Capital social: cuando esta donación ocurre a nivel de la disponibilidad social general.
2. Es ayudar como no interferencia con las propuestas sociales, aunque el individuo de la acción sea privado (ONG, AC, etc., sin ánimo de lucro).
3. Es ayudar como impulso de la acción social solidaria y suplencia cuando no hay esa acción social de los particulares.

Allí donde no se da o es deficiente la subsidiariedad social, la solidaridad estatal pasa a suplir las tareas que realmente corresponden a la sociedad.

- Amistad: desarrolla y arraiga la inclinación natural a la sociabilidad de la persona en buscar el bien del otro. Aristóteles distingue tres tipos de amistad:

Tres son, pues, las especies de amistad, iguales en número a las cosas amables. En cada una de ellas se da un afecto recíproco y no desconocido, y los que recíprocamente se aman desean el bien los unos de los otros en la medida en que se quieren.

---

[60] El Estado no monopoliza la solidaridad cuando permite que la subsidiaridad actúe plenamente desde 1, 2 y 3. Por ejemplo, un signo de salud de la sociedad es que la sociedad pueda otorgar ayuda al nivel 1, 2 y 3. El papel del Estado será mayor donde la sociedad no esté "acostumbrada" a realizar 1, 2 y 3. El Estado suple lo que la sociedad no realiza en 1, 2 y 3.

1. Así, los que se quieren por interés no se quieren por sí mismos, sino en la medida en que pueden obtener algún bien unos de otros.

2. Igualmente ocurre con los que se aman por placer; así, el que se complace con los frívolos no por su carácter, sino porque resultan agradables [...].[61]

3. Pero la amistad perfecta es la de los hombres buenos e iguales en virtud; pues, en la medida en que son buenos, de la misma manera quieren el bien el uno del otro, y tales hombres son buenos en sí mismos; y los que quieren el bien de sus amigos por causa de lo éstos son los mejores amigos, y están así dispuestos a causa de lo que son y no por accidente; de manera que su amistad permanece mientras son buenos, y las virtudes algo estable (Aristóteles, *EN*, 1156b).

La amistad se puede decir que es cuando dos corazones se encuentran y no se deben, sino que se quieren. Es el amor a las personas que le rodean. "Se llama amistad a aquel amor que no se limita a una ocasión o momento, sino que es una inclinación continuada y permanente".[62]

Por la amistad santo Tomás de Aquino expone cinco puntos clave del amigo.

Cualquier amigo verdadero quiere para su amigo:

1. Que exista y viva
2. Todos los bienes
3. El hacerle el bien

---

[61] Tanto la amistad 1 como la 2: "Por tanto, los que se aman por interés o por placer, lo hacen, respectivamente, por lo que es bueno o complaciente para ellos, y no por el modo de ser del amigo, sino porque les es útil o agradable. Estas amistades lo son, por tanto, por accidente, porque uno es amado no por lo que es, sino por lo que procura, ya sea utilidad ya placer. Por eso, tales amistades son fáciles de disolver, si las partes no continúan en la misma disposición; cuando ya no son útiles o agradables el uno para el otro, dejan de quererse. Tampoco lo útil permanece idéntico, sino que unas veces es una cosa, y otras, otra; y, así, cuando la causa de la amistad se rompe, se disuelve también la amistad, ya que ésta existe en relación con la causa" (1156a).

[62] Javier Hervada, *Diálogos sobre el amor y el matrimonio*, p. 38.

4.	El deleitarse con su convivencia
5.	El compartir con él sus alegrías y tristezas, viviendo con él en un solo corazón.[63]

Por exceso está la complicidad y por defecto la enemistad.

Teofrasto habla de la complicidad o la lisonja de la siguiente manera: "La lisonja, definida con propiedad, es la conversación o trato que procura complacer sin el correspondiente decoro".[64]

Vicio por defecto	Virtud	Vicio por exceso
Busca distanciarse de las personas, les retira el habla por algún disgusto que tuvieron.	Dedica tiempo y energías en buscar a los demás, en conocerlos. Se interesa por sus vidas y aficiones. Evita dejar largos periodos de tiempo sin tener algún contacto con ellos.	Está disponible y busca a las personas, pero sólo para la diversión, porque se la pasa bien, etcétera.

Cuadro 20. Amistad.

Que, según se ha explicado (q.109 a.2), como la virtud se ordena al bien, donde hay una razón especial de bien debe asimismo haber una virtud especial. Pero el bien consiste en el orden, como dijimos antes (q.109 a.2). Y es necesario que exista un orden conveniente entre el hombre y sus semejantes en la vida ordinaria, tanto en sus palabras como en sus obras; es decir, que uno se comporte con los otros del modo debido. Es preciso, pues, una virtud que observe este orden convenientemente. Y a esta virtud la llamamos amistad o afabilidad.[65]

Santo Tomás identifica la amistad con la afabilidad, sin embargo en la amistad griega se busca el bien común, en cambio la caridad cristiana ilumina y enriquece este amor hacia sus semejantes.

---

[63]	Santo Tomás de Aquino, *S. Th*. II-II, q. 25, a. 7.

[64]	Teofrasto, *op. cit.*, p. 13.

[65]	Santo Tomás de Aquino, *S. Th.*, II-II, q. 114, a. 1, respondo.

- Lealtad: es quien promueve y tutela la verdad, el honor y la fama, bienes de gran importancia para las personas sean conocidas o ajenas.[66] Por exceso está la sobreprotección o encubrimiento. Por defecto están: la difamación y la calumnia.

Que todo honor supone algún testimonio acerca de la excelencia de alguien. Por eso los hombres deseosos de honores buscan tales testimonios de su excelencia, como consta por las palabras del Filósofo en *I Ethic*:

Mas, en las relaciones de hombre a hombre, nadie puede dar testimonio si no es mediante signos exteriores: sea por medio de palabras, como cuando uno pregona las excelencias de otro; o mediante hechos, como inclinaciones, saludos, etc.; o también mediante cosas exteriores, por ejemplo en la ofrenda de obsequios o regalos, o en la erección de estatuas, etc. Según esto, el honor consiste en signos exteriores y corporales.[67]

Vicio por defecto	Virtud	Vicio por exceso
Se dedica a decir cosas negativas de otras personas, sean ciertas o inventadas.	Habla bien de las personas aun cuando esté molesto o en desacuerdo con ellas, porque es verdad, o tiene razón lo que dice el otro.	Busca defender al prójimo sin ver la realidad de las cosas, sin aceptar lo que está pasando.

---

[66] "La mayoría de los hombres, a causa de su ambición, parecen preferir ser amados a amar, y, por eso, a la mayoría les gusta la adulación; en efecto, el adulador es un amigo en posición inferior o un hombre que finge ser tal y amar más que ser amado; pero ser querido parece ser cercano a ser honrado, y esto es a lo que aspira la mayoría. Y ellos parecen querer el honor no por sí mismo, sino por accidente, ya que la mayoría disfruta en ser honrada por los poderosos a causa de la esperanza (pues creen que obtendrán de ellos lo que necesiten, y así se complacen en el honor como una señal de futuros favores); y los que desean ser honrados por los hombres buenos y sabios aspiran a confirmar su propia alta opinión de ellos mismos, y así, basando su convicción en el juicio de lo que dice, se complacen creyendo que son buenos. En cambio, los hombres se complacen en ser queridos por el cariño mismo, y así podría parecer que ser querido es mejor que ser honrado, y que la amistad es elegida por sí misma. Pero ésta parece radicar más en querer que en ser querido" (1159a).

[67] Santo Tomás de Aquino, *S. Th.*, II-II, q. 103, a. 1, respondo.

Cuadro 21. Lealtad.

La difamación lleva a revelar, sin un motivo objetivamente válido, los defectos y las faltas ciertas de otro, a personas que lo ignoran; la calumnia son afirmaciones falsas, que dañan a la reputación de los acusados. "La maledicencia es una inclinación de echar todo a perder cuando se conversa".[68] Ambos vicios van contra la reputación o fama del prójimo, y dañan el buen nombre y la estima que se tiene de ellos. Sus vicios tienen la intención de dañar por simple ligereza, pero que da lugar a incalculables males, muchos de ellos irreparables. "La vanidad parece ser el ansia baja y ruin de honores".[69]

- Fidelidad: virtud por la que la persona no se aparta de sus empeños y promesas, de sus convicciones y deberes; "mantiene los compromisos libremente contraídos con relación a las personas o ideales de vida, a pesar de obstáculos internos y externos que sobrevengan".[70] Santo Tomás la define como:

En virtud del matrimonio, existe entre el marido y la mujer la más íntima familiaridad, y así debe existir también la más firme fidelidad. Pero esto no puede ser si se autoriza la disolución del matrimonio; luego es contra razón lo que el Señor permite en Dt 24,1-4, que uno pueda despedir a su mujer dándole libelo de repudio y que después no la puede recobrar más.[71]

Es una promesa futura pero ejercida en el presente cada día. Vicio por exceso será la sumisión o servidumbre, y por defecto la infidelidad. "El entrometimiento parece ser la anticipación de actos y palabras con apariencia de buena voluntad".[72] No sólo basta la acción bien ejecutada, sino que debe estar

---

68 Teofrasto, *op. cit.*, p. 37.

69 *Ibidem*, p. 30.

70 Salud, Valores y Deporte (svd), "Disciplina", *Definición y descripción de valores*.

71 Santo Tomás de Aquino, *S. Th.*, II-II, q. 105, a. 4, 8.

72 Teofrasto, *op. cit.*, p. 22.

acompañada con una buena intención. "Es fiel quien cumple exactamente lo prometido y, por lo mismo, conforma sus palabras con sus obras".[73]

Vicio por defecto	Virtud	Vicio por exceso
"Se la pasa pensando cómo vivir de manera fácil y cómoda, sin importarle sus compromisos o lo puesto en un contrato. Sólo busca ganancias y no le importa comprometerse con algo que no cumplirá".	"Es coherente con la palabra dada y pone los medios para vivir de acuerdo a sus compromisos, ideales y creencias aunque pase el entusiasmo inicial, esté cansado o no sea fácil. Evita comprometerse con algo que no podrá cumplir".	"A pesar [de] que el otro no cumple con su parte, o es imposible cumplir aquello, se empeña en seguir adelante a pesar de graves daños que puedan sufrir él u otras personas".*

* Salud, Valores y Deporte, "Disciplina", *Definición y descripción de valores*.

Cuadro 22. Fidelidad.

Se es fiel en el matrimonio, en cambio la lealtad u honor al prójimo no se encuentra atado a un lazo afectivo.

1. Lo que hace una persona justa

El corazón del hombre justo se alegra del bien de otro, y sus deseos reconocen la dignidad y los bienes del prójimo. Lo que lleva a superar la envidia; no desea la casa de su prójimo, ni su auto, ni sus títulos, ni ninguna otra cosa que le pertenezca al otro y no a uno mismo. "En efecto, el alma, a quien cuida la piedad de Dios, hace sumisa la humildad, reconduce la penitencia, hace cambiar la justicia, guía la obediencia; la perseverancia hace continuar, la devoción introduce, la pureza junta y la caridad une".[74] La justicia al ser una virtud cardinal, engloba las demás virtudes, es así que san Agustín no distingue entre una virtud y otra si se trata de darle a cada quien lo que le corresponde.

---

73 Salud, Valores y Deporte (SVD), "Disciplina", *Definición y descripción de valores*.

74 San Agustín, *El espíritu y el alma*, Cap. 36.

La persona justa siempre busca la verdad y el bien, para respetarlos cara a los demás, pero desde el fondo de su corazón, no sólo en apariencia o para buscar una ventaja o compensación.

La envidia es la fuente de muchas injusticias, por eso la persona justa se alegra por el bien del prójimo, lucha contra las comparaciones y el querer ganarles a todos, y evita dejarse llevar por el sólo afán de poseer.

La avaricia se da en el interior de la persona, nace "el deseo de una apropiación inmoderada de los bienes terrenos, el deseo desordenado nacido de lo pasión inmoderada de las riquezas y de su poder. Este mal deseo lleva a cometer una injusticia mediante la cual se dañaría al prójimo en sus bienes temporales".[75] La raíz de la injusticia está en el corazón del hombre.

2. ¿Cómo vive el justo?

A continuación (véase cuadro 23), se reúnen las manifestaciones que tiene la persona justa, las cuales uno puede ir ejerciendo para vivir la justicia.

Religión	Crees en un Ser superior.
	Reconoces que hay algo superior y buscas vivir de acuerdo con lo que crees.
	Reconoces un orden en la naturaleza y una lógica a la cual hacer un sentido, evitas creer en adivinos, espiritismo, en superstición, etcétera.
	Muestras respeto y reverencia a los objetos religiosos. Evitas mostrar negligencia y apatía en todo lo referente al culto divino.
	Hablas de tu religión con los demás sin dejarte dominar por los respetos humanos.
	Sabes tener argumentos convincentes acerca de tu creencia y predicas con el ejemplo lo que crees.

---

[75] Juan Pablo II, "Artículo 10. El décimo mandamiento. 2536. I. El desorden de la concupiscencia" en *Catecismo Iglesia católica*. www.clerus.org/bibliaclerusonline/es/ep1.htm

Piedad	Comprendes y ayudas a tus padres sin pedirles cosas que no están en tu derecho de pedir. Das ayuda moral y económica en la vejez a tus padres, sin dejarlos desatendidos ni solos. Obedeces y respetas a tus padres. Al enojarte evitas hacer la ley del hielo o negar la palabra a tu mamá o a tu papá. Procuras estar en contacto con tus padres: escribir o hablar con ellos, avisarles de algunas cosas, platicar con ellos, etcétera. Tratas con respeto a tus padres. Evitas abusar de los padres como si debieran de servirte.
Observancia	Respetas a la autoridad y a los superiores: jefes, profesores, policías, etcétera. Obedeces las leyes o indicaciones de las señales. Cumples los deberes ciudadanos como el votar, obedecer las señales de tránsito, aportar a las reglas de los lugares en donde estás. Cumples y respetas las reglas de donde estás, obedeces lo que debes hacer y tomas en cuenta las leyes. Sabes tratar a las autoridades sin burlarte o despreciarlos. Hablas bien y evitas burlarte de las autoridades civiles.

Veracidad	Hablas con sinceridad y diciendo las cosas como son y evitas decir mentiras y actuar con trampa. Conoces lo que sabes sin abusar de la ignorancia de los demás en su propio provecho. Cumples lo que dices, te mantienes coherente. Vives lo que enseñas. Te aceptas tal cual eres, sin querer caer bien o llamar la atención. Compras cosas de manera legal, evitas la compra de productos piratas. Aceptas tus errores y dices la verdad por más que te cueste hacerlo: romper algo, quemar la comida, perder un objeto, etcétera. Sabes tener amigos auténticos sin basar una falsa amistad para conseguir algo. Dices la verdad y sabes cómo comunicar lo que quieres. Evitas decir que sí sólo para quedar bien con alguien. Te dedicas a trabajar y evitar perder el tiempo o fingir que trabajas cuando te ven. Buscas hacer las cosas sin conseguir algo a cambio. Evitas hacer las cosas por quedar bien sin rectitud de intención. Reconoces lo que haces, evitas justificarte cuando llegas tarde a una reunión o cita. Dices las cosas como son sin dejarte llevar por los respetos humanos y dices la verdad.
Gratitud	Das las gracias por lo que tienes: comida, ropa, trabajo, salud, etc. Correspondes a quien es bueno contigo. Te das cuenta de que estás siendo ayudado por los demás. Eres consciente de que no te mereces todo lo que recibes de los demás. Aprendes a valorar los pequeños beneficios diarios que recibes. Sabes agradecer las atenciones de los superiores sin pensar que lo mereces. Reconoces el trabajo de los demás. Das propinas. Reconoces los consejos de tus amigos y evitas enojarte cuando te corrigen. Agradeces toda demostración de cariño y evitas juzgar los regalos que recibes.

Reparación (*vindicatio*)	Haces lo posible por desagraviar la ofensa hecha a otra persona. Sabes pedir perdón y resarcir el daño. Enmiendas los daños que has provocado con tus amigos. Al no hacer un deber buscas reponer el daño al ser puntual la siguiente vez. Sabes pedir disculpas. Reparas las injurias hechas. Devuelves la fama y el honor a quien has ofendido.
Afabilidad	Das sin esperar nada a cambio. Tratas bien a tus compañeros. Contestas de buen modo cuando alguna persona, tenga autoridad o no, pide algo. Eres consciente de tu entorno y de los demás, por lo que evitas ruidos que molesten a los demás, si vives con otras personas, en el trabajo, cuando son enfermos o ancianos. Saludas a todos los que ves sin voltearles la cara o pretender que no los has visto. Sonríes sin importar el día, la circunstancia ni con quiénes estás. Te muestras amigable. Tienes buenos modales con todas las personas con quienes tratas: servicio, tienda, mantenimiento, colegas, compañeros, jefes, padres, suegros, etcétera. Hablas de manera positiva cuando estás con los demás sin caer en críticas ni malas palabras. Buscas aceptar en dónde estás y te adaptas a las circunstancias. Evitas llevar la contra siempre que puedes. Es fácil pedirte un favor ya que siempre estás de buena cara y haces las cosas con buen humor y sin quejarte. Realizas el trabajo de la mejor manera posible y con buen modo. Te sabes comportar frente a los demás con buenos modales: saludas y te despides, pides las cosas por favor y das las gracias. Sabes pasar por alto los defectos de los demás. Evitas contestar mal sin ser brusco. Haces caso a la persona con quien está y te interesas por lo que te dice. Sabes escuchar. Contribuyes a hacer agradable el ambiente en el que te mueves. Cuando estás molesto o pasas por un mal rato, mantienes buena cara y haces buen ambiente sin buscar que la gente note que estás molesto.

Solidaridad	Trabajas en equipo.
	Enseñas a otros lo que sabes o has aprendido: compartes tu experiencia.
	Puedes ayudar y lo haces: ayudas en campañas y cuando hay desastres.
	Te organizas con tus amigos para suplirse mutuamente o hacer turnos entre varios, para cuidar a un enfermo, etcétera.
	Visitas a enfermos o necesitados.
	Cuidas la ecología: evitar dejar sucio un lugar.
	Sabes la importancia del tiempo sin buscar retrasar el trabajo de los demás.
	Animas a otros a cumplir sus metas: a descansar, hacer deporte, invitándolos a acompañarlos.
	Eres sensible ante las necesidades de los demás al escucharlos y te adelantas a sus necesidades.
	Sabes tratar bien a los demás y evitas beneficiarte del trabajo de los demás.
	Conoces tus principios sin dejarte llevar por el ambiente.
	Eres fácil de tratar y mantienes relación con los que te rodean sin imponerte.
Subsidiariedad	Ayudas a otros para que logren dar todo lo posible.
	Pides ayuda aunque te cueste.
	Al prestar dinero evitas hacerlo con altos intereses a personas necesitadas.
	Ayudas en lo que se necesita invirtiendo tiempo y recursos a los nuevos proyectos y evitas poner trampas u obstáculos para que quiebre un negocio.
	Apoyas a una amigo o compañero en su trabajo cuando ves que está atrasado y no va a llegar a alguna reunión.
	Sabes ayudar a otros, al querer ayudar a una persona dándole dinero y no enseñar a ganarlo.
	Das becas a buenos estudiantes comprometidos por salir adelante.
	Mantienes a tus seres queridos para que salgan adelante en sus proyectos.

Amistad	Compartes las cosas con los demás. Eres sensible y solidario con las necesidades ajenas. Buscas pasarla bien y mantener la diversión con tus amigos así como la propia. Te portas con educación y respeto con los demás. Buscas tratar bien al prójimo más que molestarlo o agobiarlo. Hablas con los demás para conocerlos y tratarlos, y estás al pendiente de sus necesidades.
Respeto a la verdad, honor y fama del prójimo	Cuando sabes acerca de alguien y evitas revelar los defectos o faltas de lo que otros ignoran. Hablas bien de las personas aun cuando estés molesto con ellas o cometan errores. Aprendes a decir las cosas donde se tienen que decir, sin criticar ni exagerar. Buscas encontrar lo bueno en las personas y evitas decir algo negativo. Te encuentras satisfecho por lo que tienes y evitas, por envidia, levantar un falso a alguien. Hablas con la verdad y aceptas errores sin justificarte con mentiras. Dices las cosas a la cara sin miedo a la verdad, sin hablar mal a espaldas de otros. Eres honesto y respetuoso, sin ser hipócrita. Te expresas de manera sencilla y evitas hacer comentarios mamones.

Lealtad/ fidelidad	Eres coherente: vives como piensas. Dices lo que piensas sin ánimo de perjudicar, sino con cariño y buscando un bien. Procuras la unidad, evitando comentarios que dividan al grupo. Realizas las tareas cuando te las piden y te propones acabarlas respetando el tiempo acordado. Hablas bien de los demás, si no puedes, evitas hablar mal a las espaldas de otros. Eres coherente con la palabra dada: lo que dices lo haces. Tienes un sentido de vida y te comprometes a ello. Si no lo tienes, buscas tener uno. Cuando ocupas un cargo cumples lo prometido. Pones los medios para vivir de acuerdo con tu horario, ideas, actividades y creencias aun estando en un plan alterno. Eres coherente con tus creencias y evitas cambiar de ideas por intereses económicos. Sabes guardar y cuidar lo que se te confió. Realizas los trabajos con organización y evitas hacer las cosas hasta el final, para que estén bien hechas. Cumples lo prometido: trabajo, matrimonio, familia, empresa, etcétera. Hablas con la verdad, eres leal y dices las cosas a la cara. Cumples con los compromisos familiares. Sabes rectificar cuando faltas a una promesa. Sabes comportarte en cualquier lugar al cumplir con los códigos de conducta.

Cuadro 23. Manifestaciones de la justicia.

VII. La fortaleza

La fortaleza[1] equivale a la *firmeza*, condición para ejercer la virtud que permite conseguir el bien arduo o resistencia al mal presente a pesar de las dificultades que puedan sobrevenir[2] y llevarlas a cabo con grandeza. Santo Tomás retoma la definición de fortaleza por parte de Aristóteles en dos sentidos:

1. Primero, en cuanto supone una firmeza de ánimo en abstracto. Si la entendemos así, es virtud general o más bien condición de toda virtud, ya que, según el Filósofo, en *II Ethic.*, para la virtud se exige obrar firme y constantemente.

2. En una segunda acepción puede entenderse la fortaleza en cuanto implica una firmeza de ánimo para afrontar y rechazar los peligros en los cuales es sumamente difícil mantener la firmeza.[3]

Reside propiamente en el apetito irascible (aquellos placeres que como se nos dificultan conseguir provocan en nosotros ira para alcanzarlos). Como justo medio busca preservar la vida sin temor y con audacia moderada. Siendo

---

[1] "La virtud que llamamos fortaleza del alma recibe su nombre por semejanza con la fortaleza del cuerpo, según acabamos de decir. Y tampoco va contra la razón de virtud el que uno tenga hacia ella una inclinación natural por su complexión corporal, como también se ha dicho" (1-2 q.63 a.1). Santo Tomás de Aquino, *S. Th.*, II-II, q. 123, a. 1, obj. 3.

[2] *cfr.* Antonio Millán-Puelles, *op. cit.*, p. 603.

[3] Santo Tomás de Aquino, *S. Th.*, II-II, q. 123, a. 2, respondo.

así que ser fuerte es la capacidad de esforzarse para conseguir la perfección de la persona.

Proporciona al alma un impulso a comportarse heroicamente, huyendo de la mediocridad, especialmente en las circunstancias de la vida corriente, así ayuda en la vida diaria para poder cumplir bien con el trabajo, las obligaciones familiares, en las relaciones con los demás, etc. de manera justa, según la realidad sin complicarla o simplificarla, sino tomarla como es.

La fortaleza, pues, se ordena principalmente a soportar los temores, manteniéndose uno firme en lo que manda la razón prudente y la voluntad justa, aunque nos amenacen grandes peligros, incluso el mayor de todos, que es el de la muerte. Secundariamente la fortaleza también se ordena a atacar esos males que nos amenazan y que nos causan miedo, cuando sabemos que es posible vencerlos y librarnos de ellos.[4]

San Agustín define la fortaleza como

afrontar los peligros y soportar los trabajos con madura reflexión. Comprende: la magnanimidad, la confianza, la paciencia, la perseverancia. La magnanimidad es la grandeza de espíritu en la práctica y la administración de las cosas grandes y elevadas, con disposición generosa y espléndida de alma. La confianza es la parte de la fortaleza por la que el alma pone en sí misma mucho aplomo para las cosas grandes y honestas con una esperanza segura. La paciencia es la firmeza voluntaria y constante para soportar las cosas arduas y difíciles por virtud o utilidad. La perseverancia es la constancia inquebrantable y continua con reflexión justa y ponderada.[5]

El fuerte tiene siempre la firmeza y la constancia necesarias para no derrumbarse ante la adversidad o para superar el natural temor que pueda surgir ante el peligro, incluso ante la muerte, y poder así hacer frente a las diversas

---

[4] Jesús García López, *op. cit.*, p. 350.

[5] San Agustín, "Cuestión 31. Opinión de Cicerón sobre la división y definición de las virtudes del alma", en *Ochenta y tres cuestiones diversas*, *Retract.* 1,26,31.

pruebas e inconvenientes que se presentan en la vida.[6] No se desanima ante los propios defectos o de los demás, superando el natural rechazo al esfuerzo y las dificultades que entraña la práctica del bien, perseverando con tenacidad para conseguir las metas e ideales propuestos.[7]

Pieper define la fortaleza como "si el hombre puede ser fuerte, es porque es esencialmente vulnerable",[8] en concreto a la muerte, que es el último y el mayor de los males haciendo siempre el bien.

La fortaleza reside propiamente en el apetito irascible, la inclinación de la sensibilidad humana hacia el bien no inmediato, sino arduo, cuyos actos tiende a perfeccionar: superando el temor y moderando la audacia. Hay que tomar en cuenta que el bien, entre más alto y noble, es más difícil que otras alternativas. El fuerte opta (porque es prudente) por este bien, sin que las diversas pasiones se lo impidan, o sea, no busca tanto lo difícil por lo difícil. Sin esta virtud fácilmente el hombre deja de hacer el bien, aunque tenga buena intención y sepa en qué consiste ese bien y cómo hacerlo. "La auténtica fortaleza supone una valoración justa de las cosas: tanto de las que se arriesga, como de las que se espera proteger o ganar".[9]

La fortaleza es imprescindible para el cumplimiento del bien y lo mejor, reclamando de nuestra parte esa firme disposición en nuestras acciones. En efecto, se necesita ser fuerte para conservar la serenidad en las derrotas, para dar seguridad y estabilidad a otras personas ante las desgracias, para dominar los nervios en situaciones límite, para eliminar temores infundados o imaginarios, para ser fiel hasta la muerte, para trabajar bien, para estar por encima de pequeñeces en el trato con los demás, para evitar los agobios y para muchas cosas más. Ejercitar la fortaleza permite, en una frase, *no perder el control de nosotros mismos*, conservar nuestra identidad en los momentos difíciles, y eso, naturalmente, no es cualquier cosa. Resulta especialmente necesario fomentar

---

[6] *cfr.* Santo Tomás de Aquino, *S. Th.*, II-II. q. 123, a. 6.

[7] Salud, Valores y Deporte (SVD), *El valor de la Disciplina en frases.* saludvaloresydeporte.org/archivosf/Mas razones para la disciplina.pdf

[8] Josef Pieper, *op. cit.*, p. 184.

[9] *Ibidem*, p. 195.

esta virtud en momentos como los actuales, en los que el creciente nivel de vida y la disponibilidad de bienes de consumo han llevado a muchos a una mentalidad hedonista, que se caracteriza por el horror a cuanto significa esfuerzo, renuncia y sacrificio.

Según Tomás de Aquino, la fortaleza se caracteriza principalmente por dos actos: *resistir* y *acometer*, enfrentarse con los peligros que comporta la realización del bien y soportar las adversidades que sobrevengan por una causa justa.[10] Siendo más propio del fuerte resistir que acometer pues ordinariamente es más difícil permanecer en lo que uno se ha propuesto hasta alcanzarlo, que estar cambiando a nuevas metas. "La virtud de la fortaleza no ignora el orden natural de las cosas, al que reconoce y guarda […] ni ama la muerte ni desprecia la vida".[11]

El acometer y el resistir de la fortaleza se deben orientar, ante todo a vivir en la verdad y a realizar el bien. La misma conquista de la verdad requiere fortaleza: adquirir el conocimiento es una tarea ordinariamente realizada con esfuerzo, a contrapelo. Hay que dedicar tiempo, concentración de la mente, reflexión, constancia, paciencia, respeto por la realidad. Lo más fácil es quedarse en un nivel superficial y repetir cómodamente los diversos tópicos en cada rama del saber o en cada actividad humana. Sólo el fuerte vence esa inercia y conquista el saber tanto en su área profesional como en los diversos asuntos que se plantean en la opinión pública.[12] Y no se diga hacer el bien, requiere vencer la propia resistencia a complicarnos la vida, así como los obstáculos que se encuentran alrededor, que actualmente van en contra de este bien.

A veces algunos, sin poseer la virtud y por un motivo distinto de ella, realizan su acto externo. Por esto el Filósofo, en *III Ética*, enumera cinco casos

---

[10] *cfr.* Santo Tomás de Aquino, *S. Th.*, II-II, q. 123, a. 6. "Por tanto, se ocupa sobre todo del temor a las cosas difíciles, que pueden retraer a la voluntad de seguir la razón. Por otra parte, es necesario no sólo soportar con firmeza la embestida de estas dificultades reprimiendo el temor, sino también atacar moderadamente, por ejemplo, cuando sea necesario eliminar esas dificultades para tener seguridad en el futuro. Y esto parece propio de la audacia. Por tanto, la fortaleza tiene por objeto los temores y audacias en cuanto reprime los primeros y modera las segundas".

[11] Josef Pieper, *op. cit.*, p. 197.

[12] *cfr.* Tomás Trigo, *Moral de la persona*, pp. 314-315.

en que, por un cierto paralelismo, parecen fuertes quienes obran por un motivo distinto de la fortaleza. Esto sucede de tres modos:

1. En primer lugar, porque se lanzan a lo difícil como si no lo fuera. Lo cual puede provenir de tres causas: bien de la ignorancia, porque no se percibe la magnitud del peligro; bien de la esperanza de vencer los peligros, porque se considera experto en evitarlos; o bien de un cierto arte o habilidad [...]. Nadie teme hacer lo que cree haberlo aprendido bien.
2. En segundo lugar, uno puede realizar un acto de fortaleza sin tener la virtud a impulsos de una pasión, como puede ser la tristeza que se intenta superar o la ira.
3. En tercer lugar, por una elección, pero no de un fin legítimo, sino con el fin de conseguir algún beneficio temporal, como puede ser el honor, el placer o la riqueza; o de evitar algún mal, como el vituperio, la aflicción o el daño.[13]

Hay que aclarar que la fortaleza no es sólo para los momentos duros de la vida, que siempre llegan, sino principalmente se pone en juego y se practica en la vida diaria. La virtud de la fortaleza requiere siempre una cierta superación de la debilidad humana y, sobre todo, del miedo. El hombre, en efecto, por naturaleza, teme el peligro, las molestias, los sufrimientos. A pesar de todo eso y de nuestra debilidad, seguimos adelante en la vida ordinaria todos los días, gracias a la fortaleza.

Vicios contrarios a la *fortaleza*:
a) Por defecto se da *el temor o cobardía*. "Un miedo desproporcionado, irracional y desmedido ante los sufrimientos o dificultades que se presentan ante la realización de las metas que se le proponen".[14]

---

[13] Santo Tomás de Aquino, *S. Th.*, II-II, q. 123, a. 1, obj. 2.
[14] Salud Valores y Deporte (SVD), *El valor de la Disciplina en frases.*

b) Por exceso está la *temeridad*. "La supresión de todo temor que se traduce en asumir riesgos y peligros desproporcionados, que incluso llegan a amenazar la vida sin motivo razonable. Suele proceder de una oculta soberbia o simplemente de necedad. Hay mucho de temeridad en ciertos deportes extremos que van captando cada vez más seguidores entre la juventud actual".[15]

1. Vivir la fortaleza: resistir y acometer

No basta aguantar aquellos acontecimientos que suceden en nuestra vida, hay que mantener la buena actitud y actuar con buena disposición para lograr lo que nos proponemos. El que *resiste* se ejercita en dos virtudes:

1. La *paciencia*: quien es capaz de controlar las diversas molestias del momento, sin perder la serenidad ni la calma. "Se tiene cuando se desiste de la obra justa a pesar de las tristezas y molestias de toda índole que dicha obra acarrea".[16] Es propio de la paciencia —virtud que denota amor, entrega, generosidad— no sólo soportar la adversidad, sino mantenerse a pesar de las dificultades, confiados en la victoria final. Aristóteles se refiere a la paciencia en cuanto al padecimiento del dolor: "Además, el que no soporta ningún dolor, ni aun cuando sea un bien para él, es un blandengue; el que soporta por igual todos los dolores carece, sencillamente blando, de nombre, pero por metáfora se le llama duro, paciente y sufrido".[17]

Vicios contrarios a la *paciencia*:
a) Por defecto está la impaciencia, que lleva a dejarse dominar por las contrariedades estallando en ira o llanto, en murmuraciones

---

[15] Salud, Valores y Deporte (svd), *El valor de la Disciplina en frases.*

[16] Jesús García López, *op. cit.*, p. 358.

[17] Santo Tomás de Aquino, *S. Th.*, II-II, q. 1221a.

o lamentaciones, que fácilmente conducen al victimismo, o a estar desesperado por no alcanzar pronto el objetivo o la meta propuesta, propia o la de los demás.

b) Por exceso está la insensibilidad o dureza de corazón, el vicio de quien no se inmuta ante cualquier sufrimiento, propio o ajeno, pero no por virtud, sino por falta de humanidad. Puede en esto haber algo de temperamento, pero en todo caso se requiere de una orientación y, en su caso, corrección.

Vicio por defecto	Virtud	Vicio por exceso
No termina lo que empieza y pierde la serenidad ante las cosas que no salen a su modo, ni siquiera en la primera vez que se intenta.	No pierde la calma ni la serenidad ante las adversidades que suponen acabar bien algo que vale la pena.	Quien permanece tranquilo y sereno no habiendo terminado lo que debería, ante una injusticia o un daño causado por lo mismo.

Cuadro 24. Paciencia.

La paciencia se relaciona con el enfermo que a pesar de las dificultades espera con ánimo la cura o la solución. "Ser paciente significa no dejarse arrebatar la serenidad ni la clarividencia del alma por las heridas que se reciben mientras se hace el bien".[18] Es tan importante esta virtud que santo Tomás la pone debajo de las virtudes intelectuales y teologales.[19]

---

[18] Josef Pieper, *op. cit.*, p. 201.

[19] "El acto de fortaleza no sólo consiste en perseverar en el bien contra los temores de los peligros futuros, sino también en no decaer ante la tristeza o dolor de los presentes, y en este sentido la paciencia tiene afinidad con la fortaleza. No obstante, la fortaleza se ocupa principalmente de los temores, de los que huimos por instinto, lo cual evita la fortaleza. La paciencia, por su parte, se ocupa más principalmente de las tristezas; en efecto, llamamos paciente no al que huye, sino al que se comporta dignamente en el sufrimiento de los daños presentes para que no sobrevenga una tristeza desordenada. Es la razón por la que la fortaleza reside propiamente en el apetito irascible y la paciencia en el concupiscible. Pero esto no impide que la paciencia sea parte de la fortaleza, porque la subordinación de las virtudes no se mide por el sujeto, sino por la materia o forma" Santo Tomás de Aquino, *S. Th.*, II-II, q. 136, a. 4, obj. 2.

Se dice que la paciencia tiene una obra perfecta en la tolerancia de las adversidades, de las que se origina en primer lugar la tristeza, moderada por la paciencia; en segundo lugar, la ira, que modera la mansedumbre; en tercer lugar, el odio, suprimido por la caridad; en cuarto lugar, el daño injusto, prohibido por la justicia. Quitar lo que es origen y principio de una cosa es lo más perfecto. Pero de ahí no se sigue que, por ser en esto la paciencia más perfecta, lo sea en absoluto.[20]

La paciencia nos permite permanecer firmes a pesar de las dificultades en el ánimo y la capacidad del buen trato hacia los demás durante la espera por un bien. La paciencia evita la ira ante distintas situaciones.

2. La perseverancia: "Evita el desánimo que le amenaza cuando se prolonga la duración de los problemas o adversidades".[21] A diferencia de la paciencia, ésta "se da cuando no se desiste de la obra buena a pesar de la dificultad que supone la larga duración de dicha obra o los obstáculos que hay que vencer para llevar a cabo".[22] Busca estar en continua motivación y reflexión sobre el bien que se ha propuesto, intentando una y otra vez, comenzar y recomenzar, hasta alcanzar la meta porque sabe que es un bien. Aristóteles identifica la perseverancia desde los vicios contrarios:

Hay algunos, perseverantes en su opinión, a quienes llamamos obstinados, que son difíciles de persuadir o no fáciles de hacerles cambiar de parecer; éstos tienen cierta semejanza con el hombre continente, lo mismo que el pródigo con el generoso, y el temerario con el valiente, pero difieren en muchos aspectos. El uno, en efecto, no cambia por pasión ni apetito, ya que, en ocasiones, puede fácilmente ser persuadido; pero los otros no se atienen a la razón, ya que suelen ser atraídos por los deseos y muchos de ellos ceden a los

---

20 Santo Tomás de Aquino, *S. Th.*, II-II, q. 136, a. 2, obj. 1.

21 Salud, Valores y Deporte (svd), *El valor de la Disciplina en frases.*

22 Jesús García López, *op. cit.*, p. 359.

placeres. Son obstinados los testarudos, los ignorantes y los rústicos; los primeros, movidos por el placer y el dolor, se gozan con su victoria cuando no se les logra persuadir al cambio, y se afligen, si sus opiniones, como si se tratara de decretos, son rechazadas, de modo que se parecen más al incontinente que al continente (1151b).

Vicios contrarios a la *perseverancia*:
a) Por defecto está la blandenguería, que inclina a desistir fácilmente de la práctica del bien al surgir, como las primeras dificultades, el cansancio, o que haya terminado el entusiasmo inicial.
b) Por exceso está la terquedad o testarudez, vicio que se obstina en no ceder en su opinión, tarea u obra, a pesar de múltiples elementos que le muestran lo equivocado de su proceder.

Vicio por defecto	Virtud	Vicio por exceso
Darlo por perdido en las primeras señales de cambio tras esa negativa y abandonar al cliente.	Seguir tratando bien a un cliente que se negó a comprar un producto, lo vuelve a visitar dando nuevos argumentos hasta convencerlo.	Empecinarse en centrar la conversación con los mismos argumentos, sin abrir el campo a otros nuevos.

Cuadro 25. Perseverancia.

El perseverante actúa de cara a un fin establecido, sin embargo, resiste las penas, como el valiente lo hace: "De ahí que la valentía sea algo penoso y, con razón, se la alabe, pues es más difícil soportar los trabajos y apartarse de las cosas agradables". Sin la perseverancia el valiente no podría actuar con firmeza de ánimo. Santo Tomás ahonda en la perseverancia y da dos motivos por los cuales resulta algo fácil o difícil:

Primero, por la especie misma del acto, que depende de la naturaleza de su propio objeto [...].
Segundo, por la misma larga duración del tiempo, pues el mismo hecho de insistir largamente en una cosa difícil ya tiene una especial dificultad [...].

[…] objeto es soportar tanto cuanto sea necesario la larga duración de estas u otras obras virtuosas.[23]

Es importante no confundir esta virtud de la perseverancia con la *constancia*, debido a que su fin difiere:

Que la perseverancia y la constancia coinciden en cuanto al fin, porque lo que se proponen la una y la otra es mantenerse firmes en la práctica de alguna obra buena. Difieren, sin embargo, en los impedimentos que hacen que resulte difícil la persistencia en el bien obrar, pues la virtud de la perseverancia lo que propiamente hace es que el hombre permanezca en el bien a pesar y en contra de la dificultad que proviene de la larga duración del acto; en cambio, la constancia hace que permanezca firme en lo mismo contra la dificultad proveniente de todos los otros impedimentos externos. Por consiguiente, entre estas dos partes de la fortaleza —la perseverancia y la constancia—, la perseverancia es la principal, ya que la dificultad procedente de la larga duración del acto es más esencial al acto de virtud que la que proviene de los impedimentos externos.

Ambas refuerzan la acción al resistir, pero en cuanto al acometer, la perseverancia resiste más de lo que acomete. Aunque se corre el riesgo de que la perseverancia tienda al drama, es decir, que se necesite una razón de vida o muerte para poder hacer las cosas.

El acto de *acometer* permite el ejercicio de otras virtudes:

1. La magnanimidad: es magnánimo el que, como sugiere la etimología de la palabra, acomete con "grandeza de alma" o ánimo la realización de obras buenas.[24] Magnánimo es el que se propone metas

---

23 Santo Tomás de Aquino, *S. Th.*, II-II, q. 131, a. 1, respondo.

24 1123b: "Se tiene por al hombre que, siendo digno de grandes cosas, se considera merecedor de ello, pues el que no actúa de acuerdo con su mérito es necio y ningún hombre excelente es necio ni insensato. Es, pues, magnánimo el que hemos dicho. El que es digno de cosas pequeñas y las pretende, es morigerado, pero no magnánimo; pues la magnanimidad se da en lo que es grande,

altas en la vida, el que no admite la mediocridad en lo que realiza, "es aquel que se cree llamado o capaz de aspirar a lo extraordinario y se hace digno de ello […] no se deja distraer por cualquier cosa, sino que se dedica únicamente a lo grande, que es lo que a él le va".[25] Sabe que sus cualidades o capacidades son para servir a los demás, e impulsa a otros.

Así, el magnánimo está en la relación debida con los honores y la privación de ellos. Y, aparte de este argumento, está claro que los magnánimos tienen que ver con el honor; pues se creen dignos especialmente del honor a causa de su dignidad. El pusilánime se queda corto no sólo con relación a sí mismo, sino también con la pretensión del magnánimo. El vanidoso se excede respecto de sí mismo, pero no sobrepasa al magnánimo. Éste, si es digno de las cosas mayores, será el mejor de todos, pues el que es mejor que otros, es siempre digno de cosas mayores, y el mejor de todos de las más grandes. Por consiguiente, el hombre verdaderamente magnánimo ha de ser bueno; incluso la grandeza en todas las virtudes podría parecer ser propia del magnánimo (1123b).

Vicios contrarios a la *magnanimidad*:

a) Por defecto está la pusilanimidad: una enfermiza desconfianza en uno mismo que lleva al desaprovechamiento de los propios talentos.

b) Por exceso está la presunción: que lleva a buscar y aceptar cargos para los cuales no tiene capacidad ni preparación; o tiene aspiraciones por encima de sus capacidades.

---

tal como la hermosura en un cuerpo grande; los pequeños pueden ser elegantes y bien proporcionados, pero hermosos no. El que se juzga a sí mismo digno de grandes cosas siendo indigno, es vanidoso; pero no todo el que se cree digno de cosas mayores de las que merece es vanidoso. El que se juzga digno de menos de lo que merece es pusilánime, ya sea digno de grandes cosas o de medianas, y el que incluso es digno de pequeñas y crea merecer aún menos; pero, especialmente, si merece mucho, porque ¿qué haría si no mereciera tanto? El magnánimo es, pues, un extremo con respecto a la grandeza, pero es un medio en relación con lo que es debido, porque sus pretensiones son conformes a sus méritos; los otros se exceden o se quedan cortos".

[25] Josef Pieper, *op. cit.*, p. 277.

Vicio por defecto	Virtud	Vicio por exceso
No atreverse a involucrarse en ese proyecto por desconfiar en las propias posibilidades, en el fondo es comodidad.	Implicarse en un proyecto de difusión de valores de ámbito nacional, contagiando a los demás, con sentido positivo, se propone siempre acciones que impliquen metas altas y buenas.	Lanzarse a ese proyecto pretendiendo hacerlo internacional, con personas de gran relieve, sin tener experiencia ni contactos para ello.

Cuadro 26. Magnanimidad.

Santo Tomás retoma la definición aristotélica de la magnanimidad y la divide en dos aspectos:

[1.] uno, con la materia de su acto: relativa y absolutamente […]. Puede decirse relativamente grande incluso el acto que consiste en el uso de una cosa pequeña o mediana; por ejemplo, si se hace de ella un óptimo uso. Pero absolutamente es grande el acto que consiste en el óptimo uso de una cosa óptima. Pero las cosas que usa el hombre son las exteriores, entre las cuales lo máximo hablando en absoluto es el honor: ya porque es lo más próximo a la virtud, en cuanto testificación de la virtud de alguien […].

[2.] otro, con el propio acto, que consiste en el uso debido de tal materia.

Y así se llama a uno magnánimo por los actos de suyo y absolutamente difíciles, como se llama a uno fuerte por los actos absolutamente difíciles. Por tanto, se sigue que la magnanimidad tiene por objeto los honores.[26]

El magnánimo es quien recibe muchos honores, pues las cosas las hace lo mejor posible, sin pretender ser perfeccionista. Es quien no se conforma con cumplir los deberes, sino que va más allá en la realización de las cosas, por lo que parece ser que la magnanimidad consiste en tener muchas virtudes para actuar de tal manera.

---

[26] Santo Tomás de Aquino, *S. Th.*, II-II, q. 129, a. 1, respondo.

MacIntyre lo relaciona con el *gentleman* o el caballero, en tanto,

sus actitudes características requieren una sociedad de superiores e inferiores en la que pueda exhibir su condescendencia. Es esencialmente miembro de una sociedad sin equidad. En tal sociedad es autosuficiente e independiente. Se permite en una consumación que lo identifica, porque gusta de poseer cosas bellas e inútiles, ya que con eso marca su independencia. Además, camina lento, tiene una voz grave y una forma particular de pronunciar las palabras. No piensa nada grande. No ofende intencionalmente. Es casi un caballero inglés.[27]

2. La magnificencia: el magnífico es aquél capaz de canalizar muchos esfuerzos y recursos económicos y materiales en la realización de buenas obras. Aristóteles define esta virtud como "un gasto oportuno a gran escala. Pero la escala es relativa a la ocasión, pues el que equipa una trirreme no gasta lo mismo que el que dirige una procesión pública".[28] No es necesario que tales recursos sean propios. Puede muy bien ejercitar la magnificencia el que entusiasma a otros en la ejecución de determinados proyectos de beneficio social, religioso o cultural. Sabe sacar lo mejor de cada uno, para llevar a cabo esos proyectos.

La magnificencia es propia de los gastos que llamamos honrosos, como los relativos a los dioses —ofrendas, objetos de culto y sacrificios—, e, igualmente, de todos los concernientes a las cosas sagradas y cuantas se refieren al interés público, por ejemplo: cuando uno se cree obligado a equipar con esplendidez un coro o una trirreme o festejar a la ciudad (1122a).

---

[27] Alasdair MacIntyre, *Short History...*, pp. 78-79.

[28] 1122a: "Pero al que gasta en cosas pequeñas o moderadas, según requiere el caso, no se le llama espléndido, como aquél que, por ejemplo, dice el poeta, 'di muchas veces al vagabundo', sino al que lo hace así en grandes cosas. Porque el espléndido es liberal, pero el liberal no es, necesariamente, espléndido. La deficiencia en tal modo de ser se llama mezquindad, y el exceso, ostentación vulgar, extravagancia y semejantes, y estos excesos en magnitud no lo son en lo que es debido, sino por el esplendor en lo que no se debe y como se debe".

Vicios contrarios a la *magnificencia*:

a) Por defecto está la tacañería o mezquindad, por la que pudiendo gastar lo adecuado o conveniente en una buena obra no se hace. El resultado es la pobretería. "La mezquindad es un ahorro en los gastos necesarios, dejando a un lado la propia estimación".[29]

b) Por exceso está el despilfarro, se trata de gastos tan excesivos y ostentosos que llegan a ser ofensivos para los demás, particularmente los desprotegidos. "La jactancia puede definirse como la ostentación de bienes que no se tienen".[30]

En consecuencia, la obra debe ser digna del gasto, y el gasto de la obra, o aun excederla, y el espléndido hará tales cosas a causa de su nobleza, ya que esto es común a las virtudes. Además, lo hará gustosa y espléndidamente, pues el cálculo minucioso es mezquindad [...] el magnífico será también, necesariamente, liberal, ya que éste gasta lo que es debido y como es debido; en esto radica lo grande del espléndido, es decir, su grandeza: siendo estas mismas cosas objeto de la liberalidad, con un gasto igual producirá una obra más espléndida. Pues no es la misma la virtud de la posesión que la que lleva consigo la obra; en efecto, la posesión más digna es la que tiene más valor; por ejemplo, el oro; pero, si se trata de una obra, es la mayor y más hermosa (pues la contemplación de tal obra produce admiración, y lo magnífico es admirable). La excelencia de una obra, su magnificencia, reside en su grandeza (1122b).

Vicio por defecto	Virtud	Vicio por exceso
Renunciar a hacerlo por evitar el gasto o las gestiones pertinentes para conseguir los medios.	Afrontar la necesaria reforma de un pabellón deportivo, sabiendo que habrá que conseguir fondos para realizarlo.	Reformarlo con desproporción respecto a las necesidades en cuanto a materiales, dimensiones, acondicionamientos, etcétera.

Cuadro 27. Magnificencia.

A diferencia de la liberalidad, la magnificencia difiere: "Sin embargo, a diferencia de la liberalidad, no se extiende a todas las acciones que implican dinero, sino sólo a las que requieren grandes dispendios, y en esto excede

[29] Teofrasto, *op. cit.*, p. 31.
[30] *Ibídem*, p. 32.

en magnitud a la liberalidad" (1122a). Santo Tomás distingue la magnificencia en dos sentidos:

1. En sentido propio, significa realizar algo en una materia exterior, como hacer una casa o algo semejante.
2. En sentido común, se aplica a cualquier acción, ya trascienda a una materia exterior, como el quemar y el cortar, ya permanezca en el mismo agente, como el entender y el querer.[31]

El magnífico no es el que gasta grandes cantidades de dinero, ni tampoco quien posee cosas de valor, sino en la capacidad de emprender cosas grandes que llevan grandeza por quien la realiza.

Otras virtudes relacionadas con la fortaleza:
- La constancia: firmeza en la adquisición de una virtud, tendencia que se manifiesta de forma duradera, de tal forma que busca siempre una mayor perfección sin necesidad de obstáculos ni riesgos. Además, ayuda en buena manera para incrementar la fortaleza, pues es fundamental poner en práctica tanto el resistir como el acometer.

Vicios contrarios a la *constancia*:
a) Por defecto está la inconstancia o tibieza, que llevan a conformarse con lo alcanzado y no seguir aspirando a más en la perfección. También están la volubilidad, la ligereza y la informalidad.
b) Por exceso está el perfeccionismo, que lleva a "seguir actuando para pulir y seguir mejorando lo realizado, pero dedicando demasiado tiempo y recursos, por vanidad y descuidando otros aspectos también necesarios".[32]

---

[31] Santo Tomás de Aquino, *S. Th.*, II-II, q. 134, a. 2, respondo.

[32] Salud, Valores y Deporte (svd), *El valor de la Disciplina en frases*.

Vicio por defecto	Virtud	Vicio por exceso
"Saca adelante su trabajo, de manera rutinaria, sin mejorar, ni hacerlo más rápido, perseverantemente, pero sin ir a más".	"Saca siempre adelante lo que se le confía, y cada día lo hace mejor y más rápido, consigue mejores resultados".	"Se impone sacar las cosas a como dé lugar, meticulosamente, arriesgando su salud, su familia, etcétera".*

*   Salud, Valores y Deporte, *El valor de la Disciplina en frases*.

Cuadro 28. Constancia.

Como ya mencionamos, la diferencia entre la perseverancia, con la cual se resiste más, la constancia reside en el acometer, santo Tomás distingue en las objeciones estas dos virtudes: "Los principales impedimentos para persistir en el bien son los que causan tristeza. De ahí el que la constancia, en cuanto al fin, coincida con la perseverancia, a pesar de que, en cuanto a los impedimentos que le crean dificultades, coincide con la paciencia. El fin, sin embargo, es más importante".[33]

La laboriosidad: trabajar mucho y bien, aprovechando todas sus cualidades y buscando desarrollarlas aplicando los conocimientos aprendidos.[34] "Se esmera por hacer las cosas con toda la perfección de que es capaz. Es indudable que realizar bien el propio trabajo es una meta ardua que no siempre vamos a querer realizar".[35]

Grecia no era difícil que arraigara la estimación del trabajo, lo da a entender este texto de Herodoto: "Grecia ha sido en todos los tiempos un país pobre; pero en ello funda su *areté*. Llega a ella mediante el ingenio y la sumisión a una severa ley. Mediante ella se defiende la Hélade de la pobreza y de la servidumbre" (Herv. VII 102).[36]

---

[33]   Santo Tomás de Aquino, *S. Th.*, II-II, q. 136, a. 1, respondo.

[34]   Jesús García López, *op. cit.*, p. 381.

[35]   Salud, Valores y Deporte (svd), *El valor de la Disciplina en frases*.

[36]   Antonio Gómez Robledo, *op. cit.*, p. 96.

Hay quienes afirman que la laboriosidad es una virtud asignada por Dios desde el Génesis 1, debido al mandato divino: "trabajar la tierra".[37] Por lo que hoy en día esta virtud tiene su relevancia frente a dos vicios opuestos: la pereza por defecto y el activismo por exceso.

Vicios contrarios a la *laboriosidad*:
  a) Por defecto es la pereza: "descuido, negligencia en las cosas a que estamos obligados, resistencia al trabajo, tardanza en las acciones o movimientos".[38]
  b) Por exceso es el activismo: "Trabaja mucho, pero excesivamente, exclusivamente se dedica al quehacer, sin tiempo para otras actividades, sin descanso. No para todo el día".[39]

Vicio por defecto	Virtud	Vicio por exceso
"Escucha música todo el día, empieza a trabajar por lo que más le gusta o le cuesta menos esfuerzo, llega tarde al trabajo y es lento para realizar sus deberes".	"Cubre su tiempo de trabajo con un horario que cumple a diario, y en el que combina la salud, el descanso, sus roles familiares y sociales, la diversión y los amigos".	"Trabaja todo el día, pero descuida su salud y el descanso, no tiene tiempo para la familia, los amigos, para ayudar, divertirse, etcétera".*

*   Salud, Valores y Deporte, *El valor de la Disciplina en frases.*

Cuadro 29. Laboriosidad.

Al ser parte de la fortaleza, requiere de esfuerzo para trabajar, sin embargo, es clave saber hasta dónde llegar para que el trabajo no irrumpa en la

---

[37] "Dios, al principio de la Creación, dijo a los hombres: 'trabajen y dominen la tierra' (Génesis, 1). Por eso, cuando trabajamos colaboramos con Dios y servimos a los demás. También Dios puso en cada hombre muchas posibilidades y cualidades. Son un regalo de Dios. El trabajo en sí fue una de las primeras bendiciones de Dios. Dios hizo a Adán, porque 'no había nadie que trabajara el suelo' (Gen. 2, 5). Había una oportunidad de trabajo, un trabajo concreto, algo por hacer. Podría decirse que el trabajo es una actividad divina, para aquellos que han sido hechos a imagen y semejanza de Dios". Educando juntos – Fundación Astoreca, *La virtud de la laboriosidad o trabajo.* www.educandojuntos.cl/wp-content/uploads/2015/12/2NotatcnicaLaboriosidad.pdf

[38] Salud, Valores y Deporte (SVD), *El valor de la Disciplina en frases.*

[39] *Idem.*

vida personal, familiar y social. Marx[40] es quien denuncia el riesgo de vivir trabajando, ya que los hombres se deshumanizan y terminan siendo máquinas, sin poder tener una vida personal y social.

En nuestra cultura del trabajo, donde se vive para trabajar, de manera que cuando no se trabaja produciendo se considera que se pierde el tiempo, el ocio se define como aquel estado de inactividad que sigue al trabajo y que nos prepara para seguir trabajando. Lo importante es el trabajo, y el ocio es sólo un medio para reponer las fuerzas y poder seguir trabajando. Si el trabajo nos "destruye", el ocio nos "re-crea"; si el trabajo nos cansa, el ocio nos descansa (destruyendo nuestro cansancio), de manera que recreados y descansados podamos seguir trabajando. Nos damos al ocio únicamente porque no podemos trabajar continuamente. En este nuestro mundo que llamamos civilizado, el hombre es visto como una máquina cuyo fin es trabajar y, también como las máquinas, necesita, de cuando en cuando, pararse para someterse a una revisión de mantenimiento y una recarga de sus baterías o sus depósitos de combustible, lo que hace con el ocio.[41]

- La serenidad: da estabilidad de ánimo, ecuanimidad en todas las circunstancias, en las dificultades ayuda a estar sosegado, tranquilo. La serenidad no está reñida con la fortaleza para cumplir el deber, aunque lleve consigo sufrimiento; impulsa a emprender tareas que suponen sacrificio por el bien de los demás, y también, a soportar con

---

[40] "Para Marx existir como ser humano es tener conciencia de sí mismo y ser capaz de tomar decisiones. La desalienación es 'creación' (Garaudy, R. en Perroux). Lo que significa que el sujeto pueda crear y crearse su proyecto de vida. Claro que este proceso no es individual; la liberación de cada sujeto se encuentra en la liberación colectiva. Para que esto ocurra tiene que eliminarse: la división del trabajo, el sistema de mercado y la propiedad privada. La única posibilidad de superación es la toma de conciencia, el reconocimiento de la situación de dominación en la que se encuentra el hombre que es deshumanizado, lo que conduciría a la reapropiación de su trabajo, es decir, reencontrarse con su propio ser. Claro que esto presupone un modelo de sociedad donde las relaciones sociales se establezcan en un marco de reciprocidad y justicia social". Sandra Ortiz, "El concepto de 'hombre' en Marx". www.unrc.edu.ar/publicar/cde/h25.htm

[41] Gaspar Rul·lán Buades, "Del ocio al negocio... y otra vez al ocio", ddd.uab.cat/pub/papers/02102862n53/02102862n53p171.pdf, p. 173.

paciencia la adversidad, con buenos modos y con serenidad en el alma. San Agustín define la serenidad desde su opuesto, es decir, sus vicios.

Pues paréceme que se distinguen en tres clases los hombres que, como navegantes, pueden acogerse a la filosofía.

1. La primera es de los que en llegando a la edad de la lucidez racional, con un pequeño esfuerzo y leve ayuda de los remos, cambian ruta de cerca y se refugian en aquel apacible puerto, donde para los demás ciudadanos que puedan, levantan la espléndida bandera de alguna obra suya, para que, advertidos por ella, busquen el mismo refugio.

2. La segunda clase, opuesta a la anterior, comprende a los que, engañados por la halagüeña bonanza, se internaron en alta mar atreviéndose a peregrinar lejos de su patria, con frecuente olvido de la misma. Si a éstos, no sé por qué secreto e inefable misterio, les da viento en popa, y tomándolo por favorable se sumergen en los más hondos abismos de la miseria engreídos y gozosos, porque por todas partes les sonríe la pérfida serenidad de los deleites y honores [...]. Pero algunos de esta clase, por no haberse alejado mucho, no necesitan golpes tan fuertes para el retorno. Tales son los que por las trágicas vicisitudes de la fortuna o por las torturas y ansiedades de los vanos negocios, instigados por el ocio mismo, se han visto constreñidos a refugiarse en la lectura de algunos libros muy doctos y sabios, y al contacto con ellos se ha despertado su espíritu como en un puerto, de donde no les arrancará ningún halago y promesa del mar risueño.

3. Todavía hay una clase intermedia entre las dos, y es la de los que en el umbral de la adolescencia o después de haber rodado mucho por el mar, sin embargo, ven unas señales, y en medio del oleaje mismo recuerdan su dulcísima patria; y sin desviarse ni detenerse, o emprenden derechamente el retorno, o también, según acaece otras veces, errando entre las tinieblas, o viendo las estrellas que se hunden en el mar, o retenidos por algunos halagos, dejan pasar la oportunidad de la

buena navegación y siguen perdidos largo tiempo, con peligro de su vida. Frecuentemente a éstos los vuelve a la suspiradísima y tranquila patria alguna calamidad o borrasca, que desbarata sus planes.[42]

Vicios contrarios a la *serenidad*:
   a) Por defecto son el nerviosismo, el agobio, el estrés.
   b) Por exceso son la apatía, la impasibilidad, la falta de interés, la dejadez.

Vicio por defecto	Virtud	Vicio por exceso
Pierde la calma si se le pide algo de último momento.	No hace drama ante algo que se debe hacer de inmediato.	Hace las cosas descarnadamente, sin tomar en cuenta los sentimientos de los demás o los propios.

Cuadro 30. Serenidad.

Aristóteles establece la serenidad como base característica del hombre virtuoso.[43] Más que el soporte de los dolores y placeres, la persona serena es capaz de actuar con calma frente a una situación de riesgo, es por esto que queda mejor expuesta como una virtud de fortaleza más que de templanza.

• La valentía: es el ánimo, arrojo o coraje para vencer los miedos o, a pesar de ellos, se actúa de la mejor manera posible. Aristóteles dedica muchas referencias al valiente como ejemplo del virtuoso: "La

---

[42] San Agustín, *De la vida feliz.* Cap. 1.2. Trad. Victorino Capánaga, http://www.augustinus.it/spagnolo/felicita/felicita.htm

[43] "[...] todo modo de ser del alma tiene una naturaleza que está implicada y emparentada con aquellas cosas por las cuales se hace naturalmente peor o mejor; y los hombres se hacen malos a causa de placeres y dolores, por perseguirlos o evitarlos, lo que no se debe, o cuando no se debe, o como no se debe, o de cualquier otra manera que pueda ser determinada por la razón en esta materia. Es por esto por lo que algunos definen también las virtudes como un estado de impasibilidad y serenidad; pero no la definen bien, porque se habla de un modo absoluto, sin añadir 'como es debido', 'como no es debido', 'cuando' y todas las demás circunstancias. Queda, pues, establecido que tal virtud tiende a hacer lo que es mejor con respecto al placer y al dolor, y el vicio hace lo contrario" (Aristóteles, *EN*, 1104b).

valentía: acostumbrados a despreciar los peligros y a resistirlos, nos hacemos valientes, y una vez que lo somos, seremos más capaces de hacer frente al peligro" (1104b). Porque el valiente no parece serlo respecto a todas las cosas, pues algunas han de temerse y es digno de hacerlo o no hacerlo.

A la valentía no se opone la temeridad, que es el exceso, sino la cobardía, que es el defecto; y a la moderación no se opone la insensibilidad, que es la deficiencia, sino la intemperancia, que es el exceso. Esto sucede por dos causas: una procede de la cosa misma, pues por estar más cerca y ser más semejante al medio uno de los extremos, no es éste sino el otro contrario el que preferimos oponer al medio; así, como la temeridad parece ser más semejante y más próxima a la valentía, pero más distante la cobardía, preferimos contraponerle ésta; pues lo más alejado del medio parece ser más contrario (1109a).

Vicios contrarios a la *valentía*:
a) Por defecto es la cobardía: pusilánime, sin valor, cortedad, apocamiento. "Parece que la cobardía es el abatimiento del ánimo a causa del miedo".[44]
b) Por exceso es la temeridad: imprudente, excesivamente atrevido, arriesgado, osado, se expone al peligro sin necesidad.

Vicio por defecto	Virtud	Vicio por exceso
No se enfrenta a las dificultades o pospone la solución por miedo y cobardía.	Enfrenta una bronca con el sindicato aunque sabe que habrá dificultades, rodeándose de buenos asesores.	No es consciente de los riesgos y ataca el problema sin la asesoría y equipo necesarios.

Cuadro 31. Valentía.

Aristóteles aclara que el valiente no teme a cosas que son propias de temer, como la muerte o la deshonra, sino que se enfrenta a ellas desde lo que son, en el modo oportuno sin dejar de actuar:

Ahora bien, el valiente es intrépido como hombre: temerá, por tanto, tales cosas, pero como se debe y como la razón lo permita a la vista de lo que es noble, pues éste es el fin de la virtud. Sin embargo, es posible temer esas cosas más o menos, y también temer las no temibles como si lo fueran. De este modo, se cometen errores al temer lo que no se debe o como no se debe o cuando no se debe o en circunstancias semejantes, y lo mismo en las cosas que inspiran confianza. Así pues, el que soporta y teme lo que debe y por el motivo debido, y en la manera y tiempo debidos, y confía en las mismas condiciones, es valiente, porque el valiente sufre y actúa de acuerdo con los méritos de las cosas y como la razón lo ordena. Ahora, el fin de toda actividad está de acuerdo con el modo de ser, y para el valiente la valentía es algo noble, y tal lo será el fin correspondiente, porque todo se define por su fin. Es por esta nobleza, entonces, por lo que el valiente soporta y realiza acciones de acuerdo con la valentía (1113b).

El valiente no deja de lado el miedo o aquello que parece dar miedo, sino que se aferra a aquellos bienes últimos y auténticos, es decir, no teme a lo temporal sino a lo eterno.[45]

2. Cómo actúa el fuerte

La persona fuerte busca, en primer lugar, conocer la verdad y amar el bien, aunque le cueste trabajo conseguirlo. Ambos aspectos implican esfuerzo, y más cuando se quieren hacer como parte de la vida, ser coherentes con eso que se conoce y ama.

Según el Filósofo, en *II Ethic.*, la virtud es la que hace bueno al que la posee y a sus obras buenas; de donde se sigue que la virtud humana, de la que estamos hablando, hace bueno al hombre y buenas a sus obras. Pero el bien del hombre está en conformarse a la razón [...]. Ahora bien: hay dos clases

---

45   *cfr.* Josef Pieper, *op. cit.*, p. 199.

de obstáculos que impiden a la voluntad seguir la rectitud de la razón. Uno, cuando es atraída por un objeto deleitable hacia lo que se aparta de la recta razón: este obstáculo lo elimina la virtud de la templanza. El segundo, cuando la voluntad se desvía de la razón por algo difícil e inminente. En la supresión de este obstáculo se requiere la fortaleza del alma para hacer frente a tales dificultades, lo mismo que el hombre por su fortaleza corporal vence y rechaza los obstáculos corporales. Por lo cual es evidente que la fortaleza es una virtud, en cuanto hace al hombre obrar según la razón.[46]

La persona fuerte es consciente en su pensar que el ámbito donde hay que vivir la fortaleza es, en primer lugar, en la vida cotidiana y no sólo en los momentos álgidos o *heroicos* de la vida, o sólo cuando lo que realiza será visto por los demás o será muy público.

El fuerte persevera en el cumplimiento de lo que entiende debe de hacer, y no mide el valor de una tarea exclusivamente por los beneficios que recibe, sino por el servicio que presta a los demás. El fuerte sufre, pero resiste; llora, pero se bebe sus lágrimas. Cuando la contradicción arrecia, no se dobla.

Como hemos dicho, pues, la valentía es un término medio en relación con las cosas que inspiran confianza o temor, y en las situaciones establecidas, y elige y soporta el peligro porque es honroso hacerlo así, y vergonzoso no hacerlo. Pero el morir por evitar la pobreza, el amor o algo doloroso, no es propio del valiente, sino, más bien, del cobarde; porque es blandura evitar lo penoso, y no sufre la muerte por ser noble, sino por evitar un mal (1116a).

Entiende que el heroísmo, que pone en ejercicio la fortaleza, se realiza en cosas pequeñas ordinarias: realizar con perfección el trabajo; terminar las cosas; vencer la tendencia al mínimo esfuerzo; combatir el orgullo, el egoísmo o la sensualidad y el afán de figurar; esforzarse por no tratar de imponer su opinión; haciendo lo que debe hacer en el trabajo, en las relaciones con los demás, en la lucha por hacer el bien; sin doblegarse ante las dificultades, que nunca

---

[46] Santo Tomás de Aquino, *S. Th.*, II-II, q. 123, a. 1, respondo.

son una barrera insuperable. Y no conviene olvidar que para acometer grandes tareas es necesario antes ejercitarse en las pequeñas. Una cosa tan sencilla y que muchas veces se olvida.

> Según hemos visto (1-2 q.61 a.3.4), se llaman virtudes cardinales o principales las que reclaman para sí lo que conviene a las virtudes en general. Y una de las condiciones comunes de la virtud es obrar con firmeza, como se prueba en *II Ethic.* Ahora bien: la fortaleza reclama más que ninguna la gloria de la firmeza, pues tanto más es alabado el que se mantiene con firmeza cuanto mayor es el obstáculo que le impulsa a sucumbir o a retroceder. Pero al hombre le impele a apartarse de la recta razón tanto el bien placentero como el mal aflictivo, y más el dolor corporal que el placer, según nos dice san Agustín en su libro *Octoginta trium quaest.*: Nadie hay que no rehúya el dolor más de lo que ama el placer, ya que vemos a las bestias más crueles huir de los mayores placeres por miedo al dolor. Y entre los dolores y peligros del alma se temen especialmente los que conducen a la muerte, contra los cuales el fuerte se mantiene firme. Por tanto, la fortaleza es virtud cardinal.[47]

El fuerte piensa con magnanimidad: al tener ánimo más allá de sí mismo, para emprender obras valiosas, en beneficio de todos. No anida la estrechez en el magnánimo, ni el enredo interesado. "Dedica sin reservas sus fuerzas a lo que vale la pena; por eso es capaz de entregarse él mismo".[48] No sólo se conforma con entregarse: se dona a sí mismo.

El magnánimo es quien con su visión trascendente sirve a los demás, por lo que es capaz de comprender su lugar en el mundo. Cuando se introduce un amor propio desmedido se da lugar al vicio conocido como algo propio: la ambición, que impulsa a realizar las obras magnánimamente, pero con falta de rectitud de intención, por afán de reconocimiento y alabanza.

---

[47] Santo Tomás de Aquino, *S. Th.*, II-II, q. 123, a. 11, respondo.

[48] Covadonga O'Shea de Artiñano, *En busca de los valores. Coherencia, fidelidad, generosidad, valentía... Una apuesta para una vida con sentido.* www.passeidireto.com/arquivo/116232803/en-buscade-los-valores-jose-madero/12

La persona fuerte *trabaja con rectitud de intención*, es decir, con empeño por mejorar cada aspecto de su vida y de la de los demás. El estudio y el trabajo son muy importantes, pero no son lo más importante en la vida. Una persona fuerte nunca caerá en esa manía de nuestro tiempo conocida como *workcaholism*, la adicción al trabajo, el activismo, el hacer por el hacer: una frenética tarea que impide dar su lugar a otras actividades no menos importantes en la vida, como los deberes religiosos, familiares; el descanso o el cultivo de alguna afición, etcétera.

Es el compromiso que el espíritu voluntariamente se impone de tender a lo sublime (2-2, 129, 1). Fuerte es aquél que se cree llamado o capaz de aspirar a lo extraordinario y se hace digno de ello. El fuerte es en cierto modo caprichoso; no se deja distraer por cualquier cosa, sino que se dedica únicamente a lo grande, que es lo que a él le va (2-2, 129, 3 ad 5). El fuerte tiene sobre todo una sensibilidad despierta para ver dónde está el honor: "El magnánimo se consagra a aquello que proporciona una grande honra" (2-2, 129, 2) y "el que despreciare la honra hasta tal punto que no se preocupa de hacer aquello que honra merece, es de vituperar" (2-2, 129, 1 ad 3). El fuerte no se inmuta por una deshonra injusta; lo considera sencillamente indigna de su atención (2-2, 129, 2 ad 3). Acostumbra a mirar con desprecio a los seres de ánimo mezquino; y nunca es capaz de considerar que exista alguien tan alto que sea merecedor de que, por miramiento a él, se comete algo deshonesto (2-2, 129, 3 ad 4).

Características del fuerte son la sinceridad y la honradez. Nada le es tan ajeno como callar la verdad por miedo (2-2, 129, 4 ad 2). El fuerte evita, como la peste, la adulación y las posturas retorcidas (2-2, 129, 3 ad 5). No se queja, pues su corazón no permite que se le asedie con un mal externo cualquiera (2-2, 129, 4 ad 2). La fortaleza implica una fuerte e inquebrantable esperanza, una confianza casi provocativa y la calma perfecta de un corazón sin miedo. No se deja rendir por la confusión cuando ésta ronda el espíritu,

ni se esclaviza ante nadie, y sobre todo no se doblega ante el destino: únicamente es siervo de Dios.[49]

3. ¿Cómo vive el fuerte?

A continuación se reúnen las manifestaciones que tiene la persona fuerte, con
las cuales uno puede ir ejerciendo para vivir la fortaleza.

Paciencia	Mantienes la calma antes de reaccionar con ira ante cualquier obstáculo, malestar o situaciones en las que te encuentres.
	Controlas tus sentimientos sin dramatizar lo ocurrido y no hablas exagerando las cosas.
	Reconoces que los cambios en las personas no son rápidos, por lo que sabes esperar a que lo hagan sin críticas ni chismes.
	Ante un malentendido evitas enfadarte y aclaras el asunto sin abandonarlo para encontrar una solución.
	Sabes que las cosas a veces no resultan en el primer intento y sin fallas.
	Atiendes a los demás en sus necesidades: cuidados rutinarios, actividades constantes, escuchar aunque sean a veces las mismas cosas.
	Evitas molestarte porque otros no hacen lo que tienen que hacer o son lentos. Mantienes la motivación y evitas los chismes y el mal ambiente, buscas hacer un ambiente de bienestar.
	Buscas conciliar los diferentes puntos de vista, escuchando los comentarios de algunas personas que claramente puedan estar fuera de lugar.
	Encuentras la calma ante una contrariedad y actúas con la cabeza fría.
	Evitas desanimarte ante las dificultades de cada día o cuando las cosas no salen como esperabas.

[49] Josef Pieper, *op. cit.*, pp. 277-278.

Paciencia	Ubicas tu lugar y con quién estás; evitas comportamientos groseros y altaneros. Acabas lo que empiezas. Ante los resultados no esperados mantienes la calma y das más tiempo para ver si sale adelante lo que quieres. Sabes llevar una enfermedad, una contradicción o una injusticia con calma y serenidad. Sabes hacer fila y esperar tu turno con buen humor y sin malos modos.
Perseverancia	Te mantienes firme en tus proyectos sin llegar a ser terco y salirte con la tuya. Mantienes el ánimo a pesar de haber perdido la competencia. Reconoces tu error después de que te muestren lo equivocado de tu proceder. Te conoces a ti mismo y tus tiempos de trabajo; sabes parar cuando estás cansado. Eres consciente de que las cosas son a largo plazo y con problemas que resolver. Haces las cosas en cuanto las recibes, sin posponerlas innecesariamente y no las dejas para después. Tienes un horario cada día utilizando una agenda y lo cumples para acabar pendientes: tareas, trabajos, actividades, etcétera. Mantienes firme tu palabra y cumples tus compromisos. Trabajas con constancia, sin presión ni por impulsos o con fechas límites; te sabes organizar haciendo un trabajo serio y ordenado. Agradeces la exigencia de las personas que te rodean sin desilusionarte ante las dificultades. Te levantas cuando suena el despertador, llegas a tiempo y superas las dificultades que surjan y pueden retrasarte. Mantienes tu postura y evitas ceder en una opinión contraria a tus principios por más que te presionen. Cuando comentas algo acerca de algún tema, no insistes en tener la razón en cualquier asunto.

Magnanimidad	Buscas hacer lo mejor posible y correcto, también lo fácil, sin caer en la mediocridad. Eres amable y generoso con los demás, haces las cosas de cara al bien mayor sin ser ambicioso. Sabes lo necesario para realizar una acción aunque te dé flojera. Eres optimista a pesar de las dificultades o problemas que puedan surgir. Piensas en los demás sin encerrarte en ti mismo, buscas a las personas que te rodean para compartir con ellas lo que tienes. Emprendes en proyectos y obras grandes y evitas presumir de bienes materiales sólo para que tengan un buen concepto de ti. Ante un cambio o imprevisto evitas poner excusas, porque piensas que no puedes. Reconoces tus límites sin sentirte menospreciado. Confías en tus aptitudes o talentos y los pones al servicio de los demás. Reconoces y sabes que tienes habilidades y las aprovechas al máximo. Evitas conformarte con lo mínimo e indispensable, tus hechos hablan por sí solos. Sueñas con hacer cosas grandes sin descuidar lo que tienes al alcance de la mano para lograrlo. Al realizar un proyecto ves las dificultades como algo posible sin sacarle la vuelta ni tirar la toalla. Haces las cosas buscando la excelencia y no sólo para tener buenos resultados y retribuciones. Tienes metas fijas e ideales o propósitos para superarte constantemente. Sabes presentarte en público y dirigirte a una persona con autoridad. Eres valiente y audaz para conseguir algún objetivo. Te das a los demás sin esperar algo a cambio; haces las cosas porque puedes y quieres un mundo mejor. Enfrentas las dificultades y las sobrellevas exitosamente. Al hacer un encargo o favor lo haces de la mejor manera posible. Confías en ti mismo para lograr tus metas. Rompes con el *statu quo* y cambias el rumbo de las cosas.

Magnificencia	Conoces tus gastos y eres capaz de hacer donativos y dedicar tiempo a obras de beneficencia.
	Otorgas lo necesario para la realización de un proyecto sin dar poco sino lo suficiente para que salga adelante sin pretextos.
	Aprovechas las oportunidades que tienes para hacer algo extraordinario para los demás: cocinar, trabajar, dar un regalo.
	Eres positivo, propones y ayudas en actividades que eleven el nivel de las personas, faciliten el trabajo y mejoren la convivencia.
	Haces tu trabajo con perfección sin buscar las alabanzas de los demás.
	Pones los medios necesarios para sacar adelante el proyecto propuesto.
	Sabes que tienes los medios para vivir de manera ostentosa e incluso así no lo haces.
	Cuidas tu salud y sigues las prescripciones médicas aun si éstas son caras.
	Buscas hablar de temas variados y profundos, sin mencionar cosas superfluas; también decides ayudar al que lo necesita.
	Estás dispuesto a colaborar en un trabajo de asistencia social aunque no quieras perder tiempo y dinero, sabes que lo que puedes aportar hace un bien a los demás.
	Sabes lo que tienes y los medios para conseguir lo que quieres, evitas gastar más de lo necesario.
	Inicias proyectos para ayudar a familias y personas necesitadas.
	Pagas por una mejor educación, tanto para tu crecimiento personal como profesional con cursos, capacitaciones, consultas, asesorías, etcétera.
	Sabes lo que se necesita para emprender un negocio.

Constancia	Trabajas con empeño y te resistes a las tentaciones que puedan afectar en tu crecimiento personal. Tomas el tiempo necesario para acabar algo. Te vences a ti mismo repetidamente para alcanzar un bien y evitas quedarte en la comodidad. Sigues una dieta aunque se te antoje todo. Terminas de leer los libros que comienzas. Sabes conservar un trabajo aunque no tengas ganas de acudir. Haces tus normas y deberes sin dejarlos para después. Terminas bien tu trabajo sin pensar en lo cansado que estás, que haces mucho, que mereces vacaciones. Haces tu trabajo con buen ánimo, sin quejarte. Sabes que aquél que quiere lograr algo debe luchar. Nada se consigue sin esfuerzo. Cuidas y buscas el trato con los amigos. Haces intentos por mejorar y te animas fácilmente ante cualquier situación. Atiendes de buena gana a quien lo necesita. Te comprometes con tus metas: haces ejercicio el tiempo y las veces propuestas, cumples un tratamiento médico, sigues una dieta, cuidas tus compromisos, etcétera.
Laboriosidad	Tienes iniciativa y creatividad en el trabajo. Buscas capacitarte más para realizar mejor un trabajo. Empiezas puntual un trabajo y lo acabas en tiempo y forma. Haces lo más importante sin darle largas a un trabajo para no realizarlo. Cuidas las cosas pequeñas en el trabajo y los detalles. Sabes que todo tiene un tiempo, evitas trabajar tanto para no descuidar los demás encargos. Cumples tu tiempo de trabajo sin hacerlo rápido ni mal hecho, sólo por sacarlo, o para tener la tarde libre. Sabes ayudar a los demás en lo que necesitan y dedicas tiempo para que desarrollen su trabajo.

Laboriosidad	Tienes un horario que cumples al trabajar sin caer en prisas porque empiezas a descuidar las cosas pequeñas, cuidando la profesionalidad, etcétera. Trabajas con optimismo, con ilusión profesional, sin ver el trabajo como una carga pesada, pensando que es siempre lo mismo. Haces tu trabajo bien y de buena gana, reconociendo la importancia de éste, sin caer en un excesivo perfeccionismo e incluyes a otros. Empiezas a trabajar y evitas interrupciones en el trabajo con pretextos de una llamada, dar recados, o seguir con otra cosa sin terminar la anterior. Trabajas con orden, sin distraerte con nuevos proyectos o ideas. Tienes proactividad, es decir, eres acomedido, no te esperas a que te digan las cosas para hacerlas. Inviertes el tiempo libre en actividades culturales y recreativas. Trabajas lo mejor posible sin necesidad de que te vayan a alabar. Haces primero tus deberes para disfrutar de tiempos libres. Buscas ocupaciones útiles y variadas para los ratos libres, administrando el tiempo a través de un horario. Das más en lo que haces sin regirte por la ley del mínimo: "ya cumplí". Buscas que otros hagan el trabajo que les corresponde como equipo. Trabajas con orden sin descuidar algunas obligaciones con pretexto del trabajo. Aprovechas los recursos necesarios para ser más eficiente en tus deberes. Trabajas sin pusilanimidad en proyectos y sin gastar demasiado para ganar lo más posible. Eres responsable y evitas faltar con frecuencia a tus labores por flojera, por dejarlo todo para después. Te levantas rápido en las mañanas, no pierdes el tiempo. Sabes que vives en una comunidad, por lo que cuidas tu casa al limpiar, ordenar y guardar. Sueñas con hacer cosas grandes, sin descuidar lo que tienes al alcance de la mano. Pides ayuda en situaciones que no puedes hacer. Tienes un método de estudio o sistema de trabajo.

Serenidad	Te conoces y sabes cómo reaccionas para evitar meterte en problemas y tener conflictos. Dominas tu carácter.
	Reconoces lo que debes hacer y atiendes primero tus prioridades.
	Trabajas con calma sin precipitarte cuidando las cosas pequeñas.
	Cuando te piden algo de último momento, no pierdes la calma.
	Tu ánimo se mantiene estable ante cualquier situación sin caer en la apatía o en el drama.
	Te mantienes tranquilo, y evitas agobiarte ante todos tus encargos, te tomas el tiempo necesario para pensar en la solución.
	Te mantienes tranquilo durante una reunión o junta, aunque piensas que va muy lenta y sientas la necesidad de salir corriendo porque se te hace tarde.
	Tienes una vida ordenada y siempre con lo que necesitas: haces lo que debes y estás en lo que haces.
	A pesar de tener tensiones con otros, evitas que se friccionen las relaciones con los demás.
	Cuando el jefe o superior cambia de planes evitas molestarte y haces tu trabajo bien a pesar de ese motivo.
	Te mantienes en calma y evitas desesperarte con los demás cuando estás muy nervioso o tienes prisa.
	Cuando sale un imprevisto, buscas la forma de solucionarlo sin cerrarte en el problema y perder la paz.
	Te mantienes ecuánime y evitas irritarte con facilidad. Evitas tener enfados frecuentes con los demás por motivos pequeños o intrascendentes.
	Te mantienes en paz ante la derrota, la adversidad y el desencanto. Evitas agredir con facilidad y aconsejas a los demás.
	Eres cordial en el trato y evitas comportamientos groseros y altaneros.
	Sabes cómo te sientes y evitas dejarte llevar por los estados de ánimo de los demás o por las incomodidades del día.
	Tratas de mantener el buen humor y estar alegre a pesar de las circunstancias.

Valentía	Eres consciente de los riesgos del ambiente y actúas de la mejor manera posible para no caer en ellos. Asumes los riesgos para poder hacer cosas grandes en la vida. Sabes solucionar los problemas y pides ayuda en cuanto la necesitas. Enfrentas las dificultades que se presentan sin evadirlas. Superas los posibles miedos: oscuridad, cambios, retos, etcétera. Te enfrentas a los problemas con cuidado de los riesgos y peligros que puedan suceder, prevés tus acciones y tomas las precauciones necesarias para actuar de la mejor manera posible, en vez de no hacer nada. Eres consciente de lo que puedes y no puedes hacer: hablar en público, tomar una oportunidad, emprender, cambiar de lugar, etcétera. Eres capaz de canalizar esfuerzos y recursos en las cosas que hay probabilidad de fracasar o perder, sin acobardarte y continúas trabajando. Sabes defender tu postura frente a los demás aunque no haya alguien de acuerdo contigo. Tomas las oportunidades aunque puedan ser difíciles: propuesta de trabajo, nuevo compromiso, proyectos de mejora, etcétera. Socializas con todos sin importar el qué dirán.

Cuadro 32. Manifestaciones de la fortaleza.

VIII. La templanza

El placer es natural en el hombre, si no experimentara placer, no actuaría de determinada forma. Es la virtud moral que modera la atracción de los placeres sensibles (Aristóteles, *EN*, 1117 b 25) y procura el equilibrio en los placeres y el uso de las cosas materiales. Santo Tomás la define como: "Por consiguiente, es virtud humana la que inclina hacia lo que es acorde con la razón. Ahora bien: la templanza inclina claramente a esto, pues su mismo nombre indica cierta moderación o atemperación, propias de la razón. Luego la templanza es virtud".[1]

Modera el apetito concupiscible, donde reside, y el uso de los sentidos de acuerdo con la razón. "Es hacer un todo armónico de una serie de componentes dispares",[2] siendo ésta la recta proporción de las cosas, causa un sentido de tranquilidad en el hombre.

La templanza es la recta medida en todo, para usar las cosas, como medios y no como fines. "Es la virtud más personal entre las cuatro virtudes cardinales",[3] demostrando la dependencia que tenemos ante el cuerpo, siendo una virtud personal ya que busca el dominio de sí mismo para hacer el bien.[4] De modo que es importante tener medios inmateriales como materiales para

---

[1] Santo Tomás de Aquino, *S. Th.*, II-II, q. 141, a. 1, respondo.

[2] Josef Pieper, *op. cit.*, p. 151.

[3] *Ibidem*, p. 16.

[4] *cfr. Ibidem*, p. 24.

podernos controlar los impulsos. San Agustín propone ante la templanza como una función orgánica propia del corazón:[5]

> Hemos, pues, de vigilar con sumo cuidado el placer tolerable en la comida y en la bebida para no rebasar la medida de la templanza y el límite de lo suficiente. Contra esta concupiscencia de la sensualidad luchamos con el ayuno y parvedad en los alimentos; y usamos bien de este mal cuando no pasamos la frontera de lo que es conveniente a la salud.[6]

Esta virtud moral modera la atracción de los placeres y procura el equilibrio o la justa medida en el uso de lo material. La persona templada es la que por medio de la racionalidad, al encontrar el justo medio, no se excede en todas aquellas actividades a las que la propia naturaleza (comer, beber, dormir, etc.) lo inclina fuertemente por medio de los apetitos: lo concupiscible e irascible, especialmente el primero, ya que se inclina a lo fácil.

> La templanza. Es el dominio firme y mesurado de la razón sobre la pasión y los otros movimientos desordenados del alma. Sus componentes son: la continencia, la clemencia y la modestia. La continencia es para regir la pasión bajo la dirección de la prudencia. La clemencia es la afabilidad para templar los sentimientos del alma excitada y disparada temerariamente al odio contra alguno. La modestia es la conciliación del pudor honesto con el prestigio glorioso y sólido.[7]

Templanza es señorío. El que, de acuerdo con el dictamen de la prudencia, sabe mantenerse en todo momento en esa *recta medida*, va desarrollando

---

[5] "La energía vital está en el corazón, la cual para templar el fervor del corazón aspirando y espirando el aire, da la vida y la salud a todo el cuerpo. Realmente impulsa la sangre purificada por el aire puro por todo el cuerpo mediante las venas del pulso, que se llaman arterias. Por el movimiento de éstas los físicos conocen la templanza y destemplanza del corazón". San Agustín, *El espíritu y el alma*, Cap. 21.

[6] San Agustín, *Réplica a Juliano*. Libro IV, XIV, 71.

[7] San Agustín, *Ochenta y tres cuestiones diversas*, Retract. 1,26,31. www.augustinus.it/spagnolo/ottantatre_questioni/ottantatre_questioni.htm

una libertad interior con respecto a los diversos placeres corporales, que termina por conferirle a todo su comportamiento una notable dignidad y grandeza. Mientras que, en sentido contrario, el que no se sabe controlar vive esclavizado por sus impulsos y, más temprano que tarde, hace su conducta más o menos repugnante a la convivencia diaria. Como recuerda Rhonheimer,[8] "la intemperancia, particularmente en su forma más extrema, la lujuria, provoca irracionalidad, precipitación en el juicio, debilidad de carácter, flojedad, egocentrismo, sentimentalismo, agresividad e incluso brutalidad".

El sujeto en el que se encuentra la templanza es el *apetito concupiscible* (apetito que es fácil de conseguir sin provocar ira). Al perfeccionar esta tendencia, se siguen sus actos, que son las *pasiones sensibles*[9] al recto orden de la razón. Aristóteles, la templanza es la salvaguardia de la prudencia,[10] pues es muy difícil al destemplado vivir las acciones del prudente, pues se requiere de mucho autodominio.

La templanza, por responder adecuadamente a la noción de virtud, no puede darse sin prudencia, de la que carecen los viciosos. Por eso, quienes carecen de las otras virtudes, al estar entregados a los vicios opuestos, no tienen la templanza que es virtud, sino que practican actos de templanza, debido a una inclinación natural que hace que algunas virtudes imperfectas sean naturales al hombre, como ya dijimos (1-2 q.63 a.1), o debido a una disposición adquirida por la costumbre, que, por carecer de la prudencia, no tiene la perfección de la razón, como tenemos dicho (1-2 q.58 a.4; q.65 a.1).[11]

Tanto la templanza como la fortaleza parten de frenar el deseo de las pasiones provocadas por el exterior, sin embargo difieren en cuanto a su fin, la primera busca el control y equilibrio de la pasión, mientras que la segunda busca soportar la pasión y actuar conforme al bien mayor.

---

8   Martin Rhonheimer, *La perspectiva de la moral*, pp. 258 y ss.

9   Más precisamente, las pasiones del apetito concupiscible: amor, odio, deseo, tristeza, gozo, etcétera.

10   Aristóteles, *EN*, VI, 5, 1140b, 10-22.

11   Santo Tomás de Aquino, *S. Th.*, II-II, q. 141, a. 1, obj. 2.

El nombre templanza admite una doble acepción.

1. [...] cierta moderación o atemperación impuesta por la razón a los actos humanos y a los movimientos pasionales, es decir, algo común a toda virtud moral. Sin embargo, la noción de templanza es distinta de la de fortaleza, incluso considerando ambas como virtudes generales; pues la templanza aparta al hombre de aquello que le atrae en contra de la razón, y la fortaleza, en cambio, le anima a soportar y afrontar la lucha contra lo que le lleva a rehuir el bien de la razón.

2. Pero si consideramos la templanza por antonomasia, como lo que pone freno al deseo de lo que atrae al hombre con más fuerza, entonces sí es una virtud especial, que tiene una materia especial, igual que la fortaleza.[12]

La templanza ordena y equilibra al hombre, por lo que es una virtud que embellece a quien la practica, en cambio la fortaleza soporta las dificultades con la esperanza de un bien al final de su acción. La templanza tiene dos tipos de pasiones que provocan movimientos en el hombre:

1. [...] el apetito sensitivo persigue el bien sensible y corporal, y mediante el otro, rehúye el mal sensible y corporal. Ahora bien: el primero de ellos se opone a la razón de un modo particular en cuanto que no es moderado. En efecto, los bienes sensibles y corporales, esencialmente considerados, no se oponen a la razón, sino que, más bien, están supeditados a ella, como instrumentos de los que ella se vale para alcanzar su propio fin. La oposición de estos bienes a la razón radica en el hecho de que el apetito sensitivo los busca de un modo irracional. Por eso es propio de las virtudes morales el moderar esos impulsos que se ordenan a la consecución del bien [...].

2. el movimiento por el que el apetito sensitivo rehúye el mal sensible se opone de un modo especial a la razón, no por el hecho de carecer de

---

[12] *Ibidem*, a. 2, respondo.

moderación, sino principalmente a causa del efecto que se sigue de él, puesto que cabe la posibilidad de que el hombre, al rehuir el mal sensible y corporal, que a veces acompaña al bien de la razón, se aparte también de éste. Por ello, es propio de las virtudes morales el proporcionar la firmeza necesaria para mantener el bien racional.[13]

Podríamos decir que la virtud de la templanza es aquélla que nos mueve a controlar los apetitos que nos llevan a la supervivencia, sin perder la razón en la consecución del fin: ser feliz. "La templanza es, por consiguiente, autoconservación desprendida. Y la falta de templanza equivale, según esto, a la autodestrucción por degeneración egoísta de las energías destinadas a la autoconservación".[14]

1. Vivir la templanza: autocontrol

La templanza se identifica con facilidad, pues el cuerpo humano manifiesta los vicios, al tomar en cuenta la cantidad ingerida o practicada que llega a afectar físicamente al hombre.

La templanza se ocupa de los deleites más importantes, los cuales están relacionados con la conservación humana, bien sea en la especie o en el individuo. Pero tanto en una como en otro podemos considerar un elemento principal y otro secundario. Es elemento principal el uso de las cosas necesarias, tales como la mujer, necesaria para la conservación de la especie, o la comida y la bebida, que se precisan para la conservación del individuo. El uso de estas cosas necesarias lleva consigo un cierto deleite esencial. Por el contrario, es cosa secundaria toda añadidura a este uso esencial, que lo hace más agradable. Tales son la belleza y los adornos de la mujer o el buen sabor y olor de los manjares.[15]

---

[13]   *Ibidem*, a. 3, respondo.

[14]   Josef Pieper, *op. cit.*, p. 226.

[15]   Santo Tomás de Aquino, *S. Th.*, II-II, q. 141, a. 5, respondo.

Existen tres placeres particularmente intensos en la vida humana y su adecuado control nos ofrece las tres principales ramas de la templanza y son: abstinencia, sobriedad y castidad. Aristóteles comenta de los placeres como elementos naturales que varían según la edad:

> De los apetitos, unos parecen ser comunes a todos los hombres; otros, peculiares y adquiridos; por ejemplo, el apetito del alimento es natural, pues todo el que está en necesidad desea alimento sólido o líquido, y a veces ambos; y el joven que está en el vigor de la edad apetece la unión carnal, como dice Homero; pero no todos apetecen tal o cual cosa, ni las mismas (*EN*, 1118b).

La templanza siendo una virtud que modera, controla y equilibra los placeres, se encuentra en el justo medio de dos vicios opuestos: el licencioso por defecto y quien no se complace por exceso.

> El licencioso, pues, desea todos los placeres o los más placenteros y es conducido por este apetito a preferir unos en vez de otros; y de ahí que se aflija por no conseguirlos y por el mero hecho de apetecerlos (porque el apetito va acompañado de dolor, aunque parezca absurdo sentir dolor a causa del placer) [...] Así, si para alguien no hubiera nada agradable y ni diferencia alguna entre una cosa u otra, estaría lejos de ser un hombre. Tal persona no tiene nombre, porque difícilmente existe.
>
> El moderado ocupa el término medio entre estos extremos, porque no se complace en lo que más se complace el licencioso, sino que, más bien, le disgusta, ni se complace, en general, con lo que no debe, ni en nada con exceso, y cuando estas cosas faltan no se aflige ni las desea, o sólo moderadamente, y no más de lo que debe o cuando no debe, ni, en general, ninguna de estas cosas; y cuantas cosas agradables conducen a la salud o al bienestar, las deseará con medida y como se debe, y lo mismo, las restantes cosas agradables que no impiden aquellos bienes o no son extrañas a lo noble o no exceden de sus recursos. Porque el que no tiene tal disposición ama más esos placeres que la dignidad, y el moderado no es así, sino que su guía es la recta razón (Aristóteles, *EN*, 1119a).

Santo Tomás resume la virtud, en especial la virtud de la templanza de la siguiente manera: "La virtud moral guarda el bien de la razón contra los ataques de las pasiones. Por ello, dondequiera que haya una razón especial por la que una pasión aparte del bien de la razón, allí debe existir una virtud especial".[16]

Aristóteles distingue los males en censurables o no, la diferencia recae en que las enfermedades (el alcoholismo no lo considera como enfermedad) son males que acaecen, pero no pueden ser censurables, en cambio, los males que se persiguen por voluntad, lo son:

> Y no sólo son los vicios del alma voluntarios, sino en algunas personas también los del cuerpo, y, por eso, los censuramos. En efecto, nadie censura a los que son feos por naturaleza, pero sí a los que lo son por falta de ejercicio y negligencia. E igualmente ocurre con la debilidad y defectos físicos: nadie reprocharía al que es ciego de nacimiento o a consecuencia de una enfermedad o un golpe, sino que, más bien, lo compadecería; pero al que lo es por embriaguez o por otro exceso todo el mundo lo censuraría. Así, pues, de los vicios del cuerpo se censuran los que dependen de nosotros; pero los que no dependen de nosotros, no. Si esto es así, también en las demás cosas los vicios censurados dependerán de nosotros (*EN*, 1114a).

Es por esto mismo, que aquellas conductas que tienden al placer concupiscible deben estar sometidas a la razón para que no se vuelvan un mal para el hombre y sean censurables por la sociedad.

- La abstinencia: se refiere al control del placer o delectación que proporciona el alimento. Santo Tomás la define de la siguiente manera:

> La abstinencia, por su mismo nombre, indica sustracción de alimento. Por ello, podemos tomar el nombre de abstinencia en dos sentidos. En primer lugar, en cuanto que indica una sustracción total de alimento, y tomada así no indica virtud ni acto virtuoso, sino algo indiferente. En segundo lugar, puede

---

[16] Santo Tomás de Aquino, *S. Th.*, II-II, q. 146, a. 2, respondo.

tomarse en cuanto que está regulada por la razón, y entonces significa el hábito o el acto virtuoso.[17]

Para subsistir todos necesitamos comer, por lo que este placer debe de ser moderado por la recta razón para llegar al justo medio en la ingesta alimenticia.

Ahora bien, en los apetitos naturales pocos yerran, y en una sola dirección, el exceso; pues el comer o beber cualquier cosa hasta la saciedad es exceder la medida natural, ya que el apetito natural es la satisfacción de la necesidad. Por eso, esos hombres son llamados tragones, porque llenan su estómago más allá de lo necesario, y se vuelven así los que son demasiado serviles (Aristóteles, *EN*, 1118b).

Los vicios que tiene esta virtud conducen a trastornos en los hábitos alimenticios, es decir, entre dos extremos viciosos: por exceso y por defecto, con graves consecuencias no solamente morales, sino sobre todo para la salud. La abstinencia debe tomar en cuenta cuatro factores:

a) *Cantidad*: que tiene evidentes consecuencias tanto en el ámbito de la salud física como psíquica: hipertensión, baja autoestima, etcétera.

b) *Rapidez*: una especie de voracidad que resulta, en el mejor de los casos, de mal gusto.

c) *Frecuencia*: se come a todas horas.

d) *Condimentación o sofisticación*: por el simple gusto de comer cada vez más deleitablemente, emplean unos recursos que la prudencia propondría emplear de otra forma.

Vicios contrarios a la *abstinencia*:

a) Por exceso: la anorexia, que llega a perjudicar la salud.

---

[17]   Santo Tomás de Aquino, *S. Th.*, II-II, q. 146, a. 1, respondo.

b) Por defecto la gula, o el ingerir más de lo que podemos, es un desorden en el que ordinariamente las personas suelen incurrir de cuatro formas diversas.

Vicio por defecto	Virtud	Vicio por exceso
Come en exceso sin importar sentirse mal ni sus consecuencias; o invierte gran cantidad de tiempo y recursos en los alimentos.	Disfruta de la comida sin necesidad de llegar al hartazgo y sabe disfrutar un buen platillo, cuando la ocasión lo amerita.	Se obsesiona por su figura muy delgada y no come lo necesario para alimentar su cuerpo; o rechaza un buen platillo en un banquete.

Cuadro 33. Abstinencia.

La abstinencia se relaciona con la salud, pues el consumo excesivo, así como su falta, lleva a trastornos, enfermedades, e incluso la muerte. Dada la virtud que es el uso de la razón para medir lo que se consume, se observa lo siguiente: "Los placeres de los alimentos pueden apartar al hombre del bien de la razón de un doble modo: bien por la fuerza de los placeres o bien por la necesidad de los alimentos, puesto que el hombre los necesita para conservar su vida, que es el objeto más deseado por él. Por consiguiente, la abstinencia es una virtud especial".[18] No se es virtuoso al estar sano, sino que sin caer en riesgo de salud, es posible controlar el placer del consumo de los alimentos.

La moderación de alimentos en cantidad y calidad es algo que toca a la medicina si se mira con relación a la salud del cuerpo. Pero si la consideramos en cuanto a sus disposiciones interiores, en relación con el bien de la razón, pertenece a la abstinencia. Por ello dice san Agustín en su obra *De Quaest. Evang.*: En orden a la virtud no importa en modo alguno qué alimentos o qué cantidad se toma, mientras el hombre lo haga en conformidad con los hombres con los que vive y con su propia persona y según las exigencias de su propia

---

[18]   *Ibidem*, a. 2, respondo.

salud, sino con qué facilidad y serenidad de ánimo sabe el hombre privarse de ellos cuando es conveniente o necesario.[19]

- La sobriedad: regula el placer o delectación que proporcionan las bebidas alcohólicas, bebidas energizantes y cigarros. Debido a que son acciones que elegimos nosotros mismos, con inteligencia y voluntad, a pesar de que se ignoren los efectos, son motivo de injusticia, y por ende, de castigo:

Incluso castigan el mismo hecho de ignorar, si el delincuente parece responsable de la ignorancia; así, a los embriagados, se les impone doble castigo; pues el origen está en ellos mismos, ya que eran dueños de no embriagarse, y la embriaguez fue la causa de su ignorancia [...]. Pero ellos mismos, por vivir desenfrenadamente, son los causantes de su modo de ser, es decir, de ser injustos o licenciosos, unos obrando mal, otros pasando el tiempo en beber y cosas semejantes, pues son las conductas particulares las que hacen a los hombres de tal o cual índole. Esto es evidente en el caso de los que se entrenan para algún certamen o actividad, pues se lo ejercitan sin parar. Así, desconocer que los modos de ser se adquieren por las correspondientes actividades, es propio de un completo insensato. Además, es absurdo pensar que el injusto no quiera ser injusto o el que vive licenciosamente, licencioso (Aristóteles, *EN*, 1113b-1114a).

Para santo Tomás la virtud procede desde la intención de la moderación o el control de los placeres concupiscibles, es decir, del equilibrio en el consumo de la bebida, que puede parecer difícil de contener, por lo que requiere de la fortaleza y la templanza para practicar la virtud de la sobriedad:

Las virtudes que reciben el nombre de una cualidad general a toda virtud reclaman para sí, de un modo específico, aquella materia en la que es sumamente difícil y útil conservar su condición. Así, la fortaleza reclama los

---

peligros de muerte y la templanza los deleites del tacto. Ahora bien: la palabra sobriedad se deriva de medida. Al decir que alguien es sobrio indicamos que guarda una medida. Por eso la sobriedad se apropia, de un modo específico, una materia en la cual es sumamente laudable el observar una medida, cual es la bebida alcohólica. En efecto, el uso de la bebida con moderación es muy saludable, mientras que el exceso en ella hace mucho daño, porque impide el uso de la razón más incluso que el exceso en la comida.[20]

Sobrio es el que conoce su capacidad en cada tipo de bebida y deliberadamente no la sobrepasa.

Vicios contrarios a la *sobriedad*:
a) Por exceso: está el abstemio. Quien llega a condenar a todos aquellos que beben.
b) Por defecto está la embriaguez, pues produce la privación en el uso de la razón. Por asimilación, habitualmente se considera que la sobriedad también regula otros placeres análogos como, por ejemplo, el que produce el tabaco, el café y otros estimulantes parecidos.

Vicio por defecto	Virtud	Vicio por exceso
Excesivamente fuma, toma café o estimulantes, sin importar el riesgo a su salud.	La persona que evita tomar café en horarios que afectan el sueño, o el fumador que procura medir el consumo de tabaco, estando libre de esa dependencia.	El puritano que se escandaliza de las acciones de los demás, ante las costumbres de otros.

Cuadro 34. Sobriedad.

Tanto la bebida como el consumo de tabaco debe ser regulado, es por eso que la virtud de la sobriedad se refiere al control y dominio del placer que producen estas sustancias.

---

[20] *Ibidem*, II-II, q. 149, a. 1, respondo.

Por eso, dondequiera que exista un especial impedimento para la razón, conviene que exista una virtud específica que lo supere. Ahora bien: el uso de la bebida inebriante puede impedir el uso de la razón de un modo especial en cuanto con su fumosidad perturba al cerebro. De ahí que se requiera una virtud específica que quite ese impedimento, y tal virtud es la sobriedad.[21]

Aristóteles equipara esta virtud con la castidad y la abstinencia, al referirse al control y equilibrio de los placeres concupiscibles:

> También la moderación y la intemperancia están en relación con otros placeres de los que participan, asimismo, los demás animales, y por eso esos placeres parecen serviles y bestiales, y éstos son los del tacto y el gusto. Pero el gusto parece usarse poco o nada, porque lo propio del gusto es discernir los sabores, lo que hacen los catadores de vinos y los que sazonan los manjares, pero no experimentan placer con ello, al menos los licenciosos, sino en el goce que tiene lugar por entero mediante el tacto, tanto en la comida, como en la bebida y en los placeres sexuales (*EN*, 1118a).

- La castidad: ordena el placer sexual o delectación genésica[22] a la razón. Santo Tomás se refiere a ella de la siguiente manera: "Puede decirse que la castidad tiene como sujeto el alma; pero su materia es el cuerpo, ya que es propio de ella el que la persona, mediante el juicio de la razón y la elección de la voluntad, haga un uso moderado de los miembros corporales".[23] Debe haber un equilibrio entre las partes del hombre: cuerpo y alma que lo compone. Es la virtud que tiene como cometido hacer que el lenguaje de los sentimientos, pasiones y afectos por los que se manifiesta la sexualidad, se integre

---

[21] *Ibidem*, a. 2, respondo.

[22] Jesús García López, *op. cit.*, p. 369.

[23] Santo Tomás de Aquino, *S. Th.*, II-II, q. 151, a. 1, obj.1.

en el bien de la persona de manera que pueda relacionarse libremente entregándose a los demás.[24]

En la *Réplica* a *Juliano*, san Agustín dice:

Si la castidad —dije— es una virtud contraria al vicio de la impureza, y todas las virtudes, incluso las que se ejercitan por el cuerpo, residen en el alma, ¿cómo, con verdad, se puede afirmar que un cuerpo es casto cuando el alma fornica lejos de Dios? […] la castidad conyugal es una virtud, y no niegas que todas las virtudes, incluso las que dependen del cuerpo, habitan en el alma.[25]

Ahora bien, la castidad consiste en dos partes para poder ejercerla:

Primero, en sentido propio. Así considerada, es una virtud especial con una materia específica, es decir, los deseos de deleites que se dan en lo venéreo.

En segundo lugar, metafóricamente. En efecto, así como el deleite venéreo es fruto de la mezcla del cuerpo, objeto propio de la castidad y del vicio opuesto a ella, que es la lujuria, así también una cierta unión espiritual de la mente con otras cosas constituye el deleite, que es materia de una castidad espiritual metafórica, y también una fornicación espiritual, metafórica […]

Tomada así la castidad, es una virtud general, porque cualquier virtud hace que la mente humana no se una al deleite mediante cosas ilícitas.[26]

Vicios contrarios a la *castidad*:
   a) Por exceso: está la mojigatería, el recato afectado y en exceso.
   b) Por defecto: está la lujuria, un deseo desordenado de placer venéreo.

---

[24] cfr. Augusto Sarmiento, *La virtud de la castidad o la autenticidad del amor. Sólo las personas son capaces de amar y sólo son actos de amor los realizados con libertad* en Chatholic.net. es.catholic.net/op/articulos/56888/cat/1068/la-virtud-de-la-castidad-o-la-autenticidad-del-amor.html#modal

[25] San Agustín, *Réplica a Juliano*. Libro IV, III, 14.

[26] Santo Tomás de Aquino, *S. Th.*, II-II, q. 151, a. 2, respondo.

Al hablar de la sexualidad, es necesario no perder de vista lo siguiente:

De todos los placeres sensibles, el placer sexual resulta el más atractivo, el más vehemente, porque corresponde a la necesidad más fundamental del género humano, la expresión del mutuo amor y la propagación de la vida o perpetuación de la especie [...]. Trátese de un placer bueno, porque legitimado por la búsqueda de un bien honesto, dice santo Tomás [...]. Nadie estudiaría, si el conocimiento no fuese placentero; nadie comería, si ello no fuese agradable al paladar. Lo mismo sucede con el acto copulativo de los sexos. El placer se hace allí presente para facilitar el ejercicio legítimo de una actividad honesta. Y así el placer no es enemigo sino más bien auxiliar de la razón.[27]

Vicio por defecto	Virtud	Vicio por exceso
Quienes fomentan la promiscuidad y usan el sexo indiscriminadamente con cuanta pareja tienen.	La pareja de novios que decide abstenerse de tener relaciones sexuales hasta el matrimonio.	La persona que no tolera el contacto físico con los demás. Exagera con un trato distante.

Cuadro 35. Castidad.

"La lujuria quita la fuerza de la voluntad. En cambio, la virtud de la castidad, más que ninguna otra, hace capaz al hombre y lo dispone para la contemplación".[28] El hombre se obsesiona con el gozo.

Hay dos virtudes referidas a la templanza que facilitan la castidad: el *pudor* y la *modestia*. Según Tomás de Aquino no son virtudes distintas de la castidad, sino esta misma virtud en cuanto ordena diversos aspectos relacionados con la sexualidad:[29]

---

[27] Alfredo Sáenz, *Siete virtudes olvidadas*, p. 184.

[28] Josef Pieper, *op. cit.*, p. 239.

[29] *cfr.* Santo Tomás de Aquino, *S. Th.*, II-II, q. 151, a. 4.

- El pudor: esa natural tendencia a reservar la propia intimidad, protegiéndola de las intromisiones ajenas. También se le conoce como "pudicia":

El nombre de pudicicia procede de pudor, en el que va incluida la vergüenza [...] es de los actos venéreos [...]. Esto sucede porque el movimiento de los órganos genitales no está sujeto al imperio de la razón, como lo está el movimiento de los otros miembros externos. Pero el hombre no sólo se avergüenza de esa unión venérea, sino incluso de sus signos, como dice el Filósofo en *II Rhet*. Por eso la pudicicia trata de un modo propio lo venéreo y, como los signos externos son los que más se ven, se ocupa particularmente de miradas impuras, besos y tocamientos, mientras que la castidad trata más de la unión venérea propiamente dicha. De ahí que la pudicicia se ordene a la castidad no como virtud distinta de ella, sino en cuanto que se ocupa de una circunstancia especial. Pero a veces se toman indistintamente.[30]

El pudor requiere de una vergüenza, siendo ésta una pasión. Aristóteles no la toma como virtud, sin embargo, es una tendencia natural para evitar el desprestigio de la propia imagen, por lo que conlleva a una acción particular que se va alcanzando con la edad:

No debe hablarse del pudor como de una virtud, pues se parece más a una pasión que a un modo de ser. En todo caso, se lo define como una especie de miedo al desprestigio y equivale a algo parecido al miedo al peligro: así, los que sienten vergüenza se ruborizan, y los que temen la muerte palidecen. Ambos (el pudor, la vergüenza) parecen ser, de alguna manera, afecciones corporales, y esto parece más propio de la pasión que del modo de ser (Aristóteles, *EN*, 1128b).

Sin embargo, en la *Ética eudemia*, Aristóteles se refiere al pudor como una virtud que debe ser practicada referente a lo que es laudable y censurable:

---

[30] *Ibidem*, respondo.

El pudor es un justo medio entre la desvergüenza y la timidez. El que no considera la opinión de nadie es desvergonzado, pero aquél que hace caso, por igual, de todos es tímido, y aquél considera la opinión de la gente manifiestamente buena es reservado. (*EN*, 1233b).

Vicios contrarios al *pudor*:

a) Por exceso: estaría la timidez. Y el exceso de guardar la información personal sin compartir.

b) Por defecto: el exhibicionismo. Quien no tiene pudor se exhibe innecesariamente lo que debiera conservarse con recato y discreción. "La desvergüenza es la tolerancia de acciones y palabras indecentes".[31]

Vicio por defecto	Virtud	Vicio por exceso
La persona que no es consciente de su dignidad y se presta al exhibicionismo: no protege su cuerpo, sus afectos, su intimidad, etcétera.	Cuida el modo de vestir, adecuado al lugar y ocasión, y evita prendas reveladoras porque es sabedora de su dignidad y evita parecer sólo un objeto de placer. Sabe a quién abrir su intimidad y afectos, y no con cualquier persona extraña.	La persona que se viste de manera recatada en exceso, llevando al extremo una imagen desagradable. Es incapaz de conversar.

Cuadro 36. Pudor.

Aristóteles incluye en el valor dos motivos: uno por medio del pudor que da y la evasión de la vergüenza que puede conllevar:

Este género de valentía es la que más se parece a la descrita anteriormente, porque nace de una virtud; es, en efecto, resultado del pudor y del deseo de gloria (esto es, del honor), y de rehuir la infamia, por ser vergonzosa. En la misma categoría se podrían colocar también los que son obligados por sus

---

[31] Teofrasto, *op. cit.*, p. 15.

gobernantes; pero son inferiores, por cuanto no obran por vergüenza sino por miedo, y no rehúyen lo vergonzoso, sino lo penoso (*EN*, 1116a).

Siendo así que el pudor no sólo recae en la intimidad y manejo de la sexualidad, sino que también va hacia el cuidado de la propia imagen y la intimidad de la persona.

- La modestia: "Inclina a moderar el apetito concupiscible en aquellas pasiones que no son tan vehementes como las delectaciones"[32] del sentido del tacto,[33] por lo que refiere a la naturalidad y elegancia, recato y discreción. "Hace referencia a la moderación, al control, al gobierno de una cosa, estar en el lugar que le corresponde, alguien equilibrado a quien da gusto tratar, pues es educado".[34] Es decir, quien conoce sus prioridades y actúa conforme a su importancia.

Es propio de la virtud moral el ordenar, mediante la razón, las cosas propias del hombre. Ahora bien: es claro que los movimientos externos del hombre pueden ser ordenados mediante la razón [...]. En cuanto a la ordenación de estos movimientos, puede considerarse bajo dos aspectos: según la conveniencia de la persona y según la conveniencia respecto de las personas externas, negocios o lugares [...] el ornato, que tiene en cuenta la conveniencia de la persona, y que es, por tanto, la ciencia de lo que dice bien en el movimiento y costumbres, y el buen orden, que se ocupa de los diversos negocios y factores concomitantes, y que es, por ello, espíritu de discernimiento, es decir, de distinción, de las acciones.[35]

---

[32] José Brague, *La naturaleza de la templanza según santo Tomás de Aquino*. www.almudi.org/articulos/38- recursos/virtudes/virtudes-humanas/morales?start=10

[33] Jesús García López, *op. cit.*, p. 378.

[34] *cfr*. Eduardo Ronald Olivera Ríos, *La virtud de la modestia y las formas corporales de expresión en santo Tomás de Aquino*, p. 124.

[35] Santo Tomás de Aquino, *S. Th.*, II-II, q. 168, a. 1, respondo.

Esta virtud es necesaria porque atiende dos cosas: a lo que se hace y al modo de hacerlo.[36] Es una virtud que se exige en el trato social, y ayuda a guardar la intimidad. Se relaciona con la estética y la belleza en aspectos como: la manera de comportarse, vestirse, y hablar. Cuida los pequeños detalles: el recto orden, el ornato, la austeridad, la humildad, la estudiosidad, los movimientos del cuerpo, la apariencia externa.[37]

Aristóteles se refiere a la modestia con el siguiente ejemplo:

Si el que actúa injustamente es el distribuidor que asigna a otro más de lo que merece, o es el que tiene más de lo que le corresponde, y si es posible tratarse injustamente a sí mismo. Si es posible lo que hemos mencionado en primer término, y es el distribuidor el que actúa injustamente y no el que tiene más, entonces el que, a sabiendas y voluntariamente da a otro más que a sí mismo, se trata injustamente a sí mismo. Esto es lo que parece que hacen los hombres modestos, porque el hombre bueno tiende a atribuirse menos. Pero, ¿es o no es esto tan simple? Porque, si se da el caso, puede tener mayor parte que otro bien, por ejemplo, reputación o simplemente, hermosura moral (*EN*, 1136b).

Vicios contrarios a la *modestia*:

a) Por exceso está el apocado.

b) Por defecto está la inmodestia externa, el descontrol en gestos chocantes, como carcajadas ruidosas, miradas indiscretas, o también movimientos corporales, adornos estrambóticos y cosas similares orientados exclusivamente a llamar la atención, para ser el centro de las miradas y "deslumbrar" a los demás. También se puede tomar en cuenta al tosco: "La rusticidad parece ser la ignorancia de estar llevando a cabo una actuación indecorosa".[38] También puede ser el inoportuno: "La

---

36 E. R. Oliveros, *Revista de Investigación Educativa*.

37 *Idem.*

38 Teofrasto, *op. cit.*, p. 12.

inoportunidad es la conducta fastidiosa y molesta con quienes entablan trato con el inoportuno".[39] Incluso el grosero: "La grosería es la dureza en el trato y conversación con los demás".[40]

Vicio por defecto	Virtud	Vicio por exceso
"La persona demasiado escandalosa en sus gestos, gritos, risas, movimientos, modos de vestir, etc. Es indiscreta, coqueta, y no cuida la distancia, el contacto físico y las expresiones insinuantes".	"La persona que actúa y habla con naturalidad; procura caminar, sentarse, reír, acercarse a la gente, de manera apropiada; sabe comportarse con propiedad en todos lados".	"La persona que pasa totalmente desapercibida, que suele estar triste y se considera poca cosa, y lo demuestra en el trato callado".[5]

Cuadro 37. Modestia.

En suma, las virtudes de la templanza referentes a los placeres concupiscibles como la comida, la bebida y el placer sexual se pueden moderar, puesto que el hombre es "dueño de sí mismo" al entrar en contacto con dichos placeres:

En efecto, la embriaguez, la gula, la lascivia, la glotonería y todos los otros vicios semejantes tienen que ver con las sensaciones ya mencionadas y son partes en que se divide la intemperancia. Pero nadie es llamado intemperante si se excede en los placeres de la vista, del oído o del olfato, pues sin reproche censuramos estas faltas y, globalmente, todas las que no se incluyen en la expresión "dueño de sí", pues el que no es dueño de sí no es ni intemperante ni moderado (Aristóteles, *EN*, 1231a).

Otras virtudes que componen la templanza:

---

[39] *Idem.*

[40] *Ibidem*, p. 24.

- El orden: Al hablar de orden nos referimos a la persona en cuanto a armonía, su equilibrio interior, su moderación, su autodominio.[41] Santo Tomás toma como base para ser virtuoso el orden de las cosas orientadas a su fin:

El bien de las virtudes morales reside principalmente en el orden de la razón, ya que el bien del hombre consiste en vivir según la razón […] el principal orden de la razón consiste en dirigir las cosas a su fin, y en este orden consiste esencialmente el bien de la razón: el bien tiene naturaleza de fin, y el fin mismo es la norma de las cosas que se ordenan a él. Pero todas las cosas deleitables que el hombre utiliza se ordenan, como a su fin propio, a satisfacer alguna necesidad de esta vida.[42]

Significa comportarse de acuerdo con normas lógicas, en la organización de las cosas, la distribución del tiempo y en la realización de las actividades para cumplir un objetivo deseado y previsto.[43] "También se manifiesta el orden en la priorización de actividades, en saber distinguir lo importante y lo urgente. Y en la disposición de las cosas para facilitar el proceder del próximo".[44] Entre otras virtudes relacionadas: dominio de sí mismo, austeridad, equilibrio personal, serenidad, sentido de la economía, sentido del ahorro, higiene, limpieza.

Vicios contrarios al *orden*:
a) Por exceso: está el ser meticulosos, cuadrados.
b) Por defecto: está el desorden en todos los niveles.

---

[41] *cfr.* CAFÉ&co, "¿Por qué levantarse temprano? Según Marco Aurelio", pensarparaserfeliz.wordpress.com/2021/03/01/por-que-levantarse-temprano-segun-marco-aurelio/

[42] Santo Tomás de Aquino, *S. Th.*, II-II, q. 141, a. 6, respondo.

[43] *cfr.* David Isaacs, *La educación de las virtudes humanas y su evaluación*, p. 116.

[44] CAFÉ&co, "¿Por qué levantarse temprano? Según Marco Aurelio".

Vicio por defecto	Virtud	Vicio por exceso
"La persona que deja todo a la última hora. No organiza sus días, le da la misma importancia a todo lo que hace y pospone con facilidad sus actividades".	"La persona que tiene un horario que incluye todo lo que tiene que hacer durante el día, lleva a cabo sus obligaciones con eficacia, respetando la hora fijada para cada actividad, y evita dejarla para después".	"La persona que para organizarse elabora un complejo sistema de colores, etiquetas, base de datos informática y signaturas a las que les dedicara tres horas todas las semanas".[6]

Cuadro 38. Orden.

El orden es la base de las virtudes, sin ella no podemos tener la proporción de las cosas y valorar lo que realmente importa en los actos que se realizan frente al influjo de las pasiones, lleva a tener perspectiva ante el fin que se busca.

Beneficios del orden:

- Ayuda a disponer de más tiempo.
- Ayuda a ser más eficaz.
- Aumenta el rendimiento y consigue más fácilmente los objetivos previstos.
- Proporciona tranquilidad, confianza y seguridad.
- Evita disgustos y contratiempos.
- Ayuda a hacer más cosas con menos esfuerzo.
- Organizar mejor el tiempo y las ideas.
- Somos capaces de sacar mayor partido a lo que vemos y aprendemos.

En este sentido es de mucha utilidad un horario que ayuda a planificar y prever el tiempo necesario para cada actividad que se proponen realizar. De este modo, desarrollarán la capacidad de relacionar el tiempo con sus actividades y, en consecuencia, será más ordenado.[45]

---

[45] Salud, Valores y Deporte (SVD), "Orden", *Definición y descripción de valores.*

Aristóteles, aunque no define el orden, habla de la destreza, la cual es necesaria para la consecución del fin propuesto:

Hay una facultad que llamamos destreza, y ésta es de tal índole que es capaz de realizar los actos que conducen al blanco propuesto y alcanzarlo; si el blanco es bueno, la facultad es laudable; si es malo, es astucia; por eso, también de los prudentes decimos que son diestros y astutos. La prudencia no es esa facultad, pero no existe sin ella, y esta disposición se produce por medio de este ojo del alma, pero no sin virtud, como hemos dicho y es evidente, ya que los razonamientos de orden práctico tienen un principio, por ejemplo: puesto que tal es el fin, que es el mejor sea cual fuere (supongamos uno cualquiera a efectos del argumento), y este fin no es aparente al hombre que no es bueno, porque la maldad nos pervierte y hace que nos engañemos en cuanto a los principios de la acción. De modo que es evidente que un hombre no puede ser prudente, si no es bueno (*EN*, 1144a).

- La clemencia: inclina al superior a mitigar, según el orden de la razón, la pena o castigo debido al culpable. Para Aristóteles no existe una diferencia entre la mansedumbre o la clemencia frente a su defecto: la venganza. Aunque no la trata de manera separada sí menciona lo siguiente: "Ciertamente hay también un exceso en la indulgencia y la reconciliación, y en el no indignarse cuando uno es abofeteado. Pero tales hombres son raros y todo el mundo está más inclinado al otro extremo. Por ello, la cólera no lleva a la reconciliación" (*EN*, 1222b).

Sin embargo, santo Tomás distingue la clemencia de la justicia debido a la pasión que despierta la injusticia en la persona:

las pasiones internas son principios de acciones externas, o las impiden. Por tanto, las virtudes que moderan las pasiones colaboran, en cierto modo, en cuanto a su efecto, con las virtudes que moderan las acciones, aunque sean específicamente diferentes [...]. La pasión de la ira incita al hombre a imponer un castigo más grave que el debido. Por su parte, es propio de la clemencia el disminuir el castigo, objeto que podría ser impedido por el exceso de ira. Por ello, la mansedumbre, por el hecho de refrenar el ímpetu de la ira, concurre con la clemencia para producir un mismo efecto. Sin embargo, son virtudes distintas: la clemencia modera el castigo externo, mientras que es propio de la mansedumbre apaciguar la pasión de la ira.[46]

Para ser verdadera virtud debe proceder con rectitud de intención, pensando en lo que mejor conviene al infractor y no en evitar las molestias que aplicar la sanción puede traer consigo al superior.

El afecto del hombre es propenso a disminuir aquello que no le agrada. Ahora bien: del hecho de que el hombre ame a otro se deduce que no le agrada el castigo de éste, a no ser en orden a conseguir otra cosa: la justicia, por ejemplo, o la corrección del que sufre el castigo. Por eso es producto del amor el hecho de que el hombre esté dispuesto a aminorar los castigos, lo cual es objeto de la clemencia, mientras que el odio impide tal disminución. Por eso dice Cicerón que el ánimo excitado hacia el odio, es decir, a castigar con dureza, se calma por la clemencia, para no imponer un castigo más duro que el debido: la clemencia no modera directamente el odio, sino el castigo.[47]

Principalmente, la diferencia entre la justicia y la clemencia es que frente al mal, la primera lo reduce y el otro, por medio del amor, lo corrige.

Vicios contrarios a la *clemencia*:
a) Por exceso: la lenidad, la timidez o cobardía para aplicar una sanción que no rara vez genera efectos negativos en el bien común.

---

[46] Santo Tomás de Aquino, *S. Th.*, II-II, q. 157, a. 1, respondo.
[47] *Ibidem*, obj. 2.

b) Por defecto: la crueldad, o excesivo rigor o severidad en el castigo, "el resentimiento injusto es la recriminación sin motivo de la suerte que se recibe".[48]

Vicio por defecto	Virtud	Vicio por exceso
Busca castigar de manera exagerada para infundir miedo y lograr el control.	Sabe dar el castigo justo al daño hecho, sin sobrepasarse, para formar al infractor.	Blandura en exigir el cumplimiento de los deberes o en castigar las faltas.

Cuadro 39. Clemencia.

La clemencia ordena el efecto de la injusticia al aminorar el castigo del superior:

La clemencia, por su parte, trata de aminorar los castigos, no en cuanto al justo medio señalado por la recta razón, sino respecto de lo que impone la justicia común, que es materia de la justicia legal. Pero la clemencia disminuye los castigos atendiendo a algunas circunstancias particulares, como considerando que no hay que castigar más al hombre. De ahí que Séneca diga en *II De Clem.*: La primera característica de la clemencia es que, cuando declara la libertad de los hombres, juzga que éstos no deben sufrir y a más; en cuanto al perdón, es remisión de la pena que debieron sufrir. De ello se deduce que la relación entre la clemencia y la severidad es semejante a la que existe entre la epiqueya y la justicia legal, siendo la severidad una parte de ésta sólo en cuanto a la imposición de los castigos conforme a la ley.[49]

Tanto la mansedumbre como la clemencia se encuentran relacionadas, sin embargo su fin difiere, tal como lo aclara santo Tomás de Aquino: "Es objeto

---

[48] Teofrasto, *op. cit.*, p. 26.

[49] Santo Tomás de Aquino, *S. Th.*, II-II, q. 157, a. 2, obj. 2.

propio de la mansedumbre el deseo de venganza, mientras que la clemencia se ocupa de los castigos exteriores puestos como venganza".[50]

En cuanto a la relación con la justicia, ambas virtudes se encuentran afectadas por las pasiones que desatan, sin embargo, su fin difiere:

> Es esencial a las virtudes morales la sujeción del apetito respecto de la razón, como escribe el Filósofo en *I Ethic*. Esto se cumple tanto en la clemencia como en la mansedumbre, ya que la clemencia, al aminorar los castigos, mira a la razón, como dice Séneca en *II De Clem*. En cuanto a la mansedumbre, modera la ira también en conformidad con la recta razón, como se dice en *IV Ethic*. Es, pues, evidente que tanto la clemencia como la mansedumbre son virtudes.[51]

- La mansedumbre: modera la pasión de la ira,[52] la ira es buena y necesaria, cuando se usa bajo el dominio de la razón, pues lleva a la persona a lograr un fin bueno, y más cuando es difícil de alcanzar.

Según Aristóteles

> la mansedumbre es un término medio respecto de la ira; pero, como el medio mismo, carece de nombre, y casi lo mismo ocurre con los extremos, aplicamos la mansedumbre a ese medio, aunque se inclina hacia el defecto, que carece también de nombre. El exceso podría llamarse irascibilidad; pues la pasión es la ira, pero las causas son muchas y diversas (*EN*, 1125b).

Enojarse por la injusticia pero que no termine en cólera porque destruye. La ira hace que actuemos contra aquello que se nos opone.[53]

---

[50] *Ibidem*, a. 1, obj. 1.

[51] *Ibidem*, a. 2, respondo.

[52] Jesús García López, *op. cit.*, p. 378.

[53] *cfr.* Josef Pieper, *op. cit.*, p. 283.

A la mansedumbre, cuyo objeto directo es la ira, se opone propiamente la iracundia, que lleva consigo un exceso de ira. Pero la crueldad lleva consigo un exceso en el castigo. Por eso dice Séneca en *II De Clem.*: Llamamos crueles a aquellos que tienen motivo para castigar, pero lo hacen sin moderación. Ahora bien: a los que se complacen en los castigos a los hombres, impuestos incluso sin motivo, puede llamárseles fieros o crueles, porque parece que carecen del afecto humano, que hace que el hombre ame al hombre según el dictado de la naturaleza.[54]

Por lo que su contrario, es decir, el vicio es "el que se irrita por las cosas debidas y con quien es debido, y además como y cuando y por el tiempo debido, es alabado. Éste sería manso, si la mansedumbre fuese justamente alabada; porque el que es manso quiere estar sereno y no dejarse llevar por la pasión, sino encolerizarse en la manera y por los motivos y por el tiempo que la razón ordene. Pero parece, más bien, pecar por defecto, ya que el manso no es vengativo, sino, por el contrario, indulgente. El defecto, ya se trate de una incapacidad por encolerizarse o de otra cosa, es censurado. Pues los que no se irritan por los motivos debidos o en la manera que deben o cuando deben o con los que deben, son tenidos por necios. Un hombre así parece ser insensible y sin padecimiento, y, al no irritarse, parece que no es capaz tampoco de defenderse, pero es servil soportar la afrenta o permitir algo contra los suyos (Aristóteles, *EN*, 1126a).

Vicios contrarios a la *mansedumbre*:
- *a)* Por exceso: está el iracundo, "la desconfianza es la sospecha de injusticia por parte de todos los demás".[55]
- *b)* Por defecto: la ineptitud para irritarse.

---

[54]   Santo Tomás de Aquino, *S. Th.*, II-II, q. 157, a. 1, obj. 3.

[55]   Teofrasto, *op. cit.*, p. 27.

Vicio por defecto	Virtud	Vicio por exceso
Permanece inalterable ante cualquier situación, no se alegra ni se enfada por nada.	Sabe solucionar sus problemas y sobrellevarlos. Evita lastimar o molestar a los demás cuando está enojado.	Se enoja por cualquier motivo e incomodidad y se queja: "hace calor", "tengo sed", "tengo hambre", "hay mucho trabajo", etcétera.

Cuadro 40. Mansedumbre.

La mansedumbre aminora el deseo de la venganza que tienen las personas:

> Según el Filósofo en *IV Ethic.*, el hábito que modera los movimientos de la ira, disminuyéndolos, no tiene nombre; por eso la virtud se llama mansedumbre debido a otra función que ejerce, la de aminorar la ira, ya que se aproxima más a la disminución que a la sobreabundancia, dado que es más natural al hombre el desear la venganza de las injurias que el pecar por defecto, pues apenas a nadie le parecen pequeñas las ofensas que se le infieren, como dice Salustio.[56]

Frente a las injusticias que están en el entorno, quien vive la mansedumbre puede ser capaz de mantener la paz y el ánimo necesarios para seguir adelante sin ser afectado.

- La eutrapelia: la diversión y el juego son importantes en la vida de todas las personas, pero hay que vivirlos de manera ordenada, y es la función de esta virtud por la que la recta razón pone la justa medida en juegos y diversiones, no busca evitarlas, sino moderarlas y encauzarlas. "El patán es inútil para estas relaciones sociales, pues no contribuye a ellas y todo lo lleva a mal; y el descanso y la diversión parecen ser indispensables para la vida" (Aristóteles, *EN*, 1128b). Es la virtud que nos ayuda a saber distinguir cuándo es juego y cuándo no.

---

[56] Santo Tomás de Aquino, *S. Th.*, II-II, q. 157, a. 2, obj. 2.

De igual modo que el hombre necesita del descanso corporal para reconfortar el cuerpo, que no puede trabajar incesantemente porque su capacidad es finita y limitada a ciertos trabajos, eso pasa también en el alma, cuya capacidad es también limitada y determinada a ciertas operaciones [...]. Ahora bien: el descanso del alma es deleite, como ya dijimos (1-2 q. 25 a. 2; q. 31 a. 1 ad. 2). Por eso es conveniente proporcionar un remedio contra el cansancio del alma mediante algún deleite, procurando un relajamiento en la tensión del espíritu [...]. Estos dichos o hechos, en los que no se busca sino el deleite del alma, se llaman diversiones o juegos. Por eso es necesario hacer uso de ellos de cuando en cuando para dar algo de descanso al alma. Esto es lo que dice el Filósofo en *IV Ethic.*: en la conservación de esta vida se necesita descansar mediante el juego. Hay que hacer uso de él, por tanto.[57]

Vicios contrarios a la *eutrapelia*:

a) Por exceso: una austeridad o seriedad desmedidas.

b) Por defecto: la necedad al estar gastando bromas, o sólo buscar la diversión y el entretenimiento, "es la burla manifiesta e injuriosa a los demás".[58]

Vicio por defecto	Virtud	Vicio por exceso
Se divierte a costa de los demás, gastando bromas de mal gusto, sin distinguir los momentos en los que esa actitud es perjudicial.	Sabe divertirse sanamente y busca los mejores lugares y momentos para hacerlo, tiene buen humor y difícilmente se aburre.	No sabe divertirse o entretenerse, vive como en una burbuja, no se da a los demás, se aburre.

Cuadro 41. Eutrapelia.

---

57   *Ibidem*, q. 168, a. 2, respondo.
58   Teofrasto, *op. cit.*, p. 20.

Para tener diversión es necesario considerar tres aspectos:

1. [...] que este deleite se busque en obras o palabras torpes o nocivas... hay juegos que son groseros, insolentes, disolutos y obscenos.
2. [...] hay que evitar que la gravedad del espíritu se pierda totalmente... sólo una recreación honesta, procuremos también que en nuestro juego haya una chispa de ingenio.
3. [...] hay que procurar, como en todos los demás actos humanos, que el juego se acomode a la dignidad de la persona y al tiempo, es decir, que sea digno del tiempo y del hombre.[59]

El control de la diversión de los juegos recae en la modestia al controlar los movimientos del cuerpo, sin embargo, el control de los momentos y tiempos de la diversión recaen en la eutrapelia.

La estudiosidad: o simplemente *estudio*, es la virtud que modera, sometiéndolo a la recta razón, el afán de conocer e impulsa a seguir conociendo:[60]

de la misma manera que el hombre, por su naturaleza corporal, desea los deleites del alimento y del placer venéreo, así desea, según su naturaleza espiritual, conocer algo. De ahí que diga el Filósofo, en *I Metaphys.*, que todos los hombres, por naturaleza, desean saber. Ahora bien: la moderación de este apetito es propia de la estudiosidad. Por ello es natural que sea parte potencial de la templanza, como virtud secundaria y adjunta a una virtud principal.[61]

Vicios contrarios a la *estudiosidad*:
a) Por exceso: la curiosidad.
b) Por defecto: la apatía o indiferencia ante el saber.

---

[59] Santo Tomás de Aquino, *S. Th.*, II-II, q. 168, a. 2, respondo.
[60] Jesús García López, *op. cit.*, p. 380.
[61] Santo Tomás de Aquino, *S. Th.*, II-II, q. 166, a. 2, respondo.

Se podría decir que el charlatán es quien habla sin sentido alguno acerca de un tema que no conoce, "la charlatanería es hablar sin medida y con poco sentido".[62]

Vicio por defecto	Virtud	Vicio por exceso
Es indiferente ante el saber, no tiene inquietudes intelectuales. Prefiere ver videos, pasar el tiempo en las redes sociales, etcétera.	Quien tiene un espíritu de búsqueda e investigación ante los conocimientos que la vida puede ofrecer por medio de los recursos necesarios.	Tiene curiosidad de leer todo lo que pasa por sus manos, sin criterios rectos. Busca saber más por curiosidad, saber de "todo" y no por aprender.

Cuadro 42. Estudiosidad.

Hoy en día sobrepasa la cantidad de información que se recibe, es necesaria esta disposición personal: *querer saber lo que realmente conviene*. "Es necesaria la prudencia con la cual se acomete, en primer lugar, el conocimiento que más debe de importar: el que conduzca a la plenitud como personas".[63] Al reconocer las posibles consecuencias de sus acciones.

Podría pensarse que todos los hombres aspiran al placer, porque todos desean vivir; pues la vida es una especie de actividad y cada uno orienta sus actividades hacia las cosas y con las facultades que prefiere; sí, el músico se complace en escuchar melodías, el estudioso ocupa la mente con objetos teoréticos y, de igual modo, todos los demás; y como el placer perfecciona las actividades, también el vivir, que todos desean. Es razonable, entonces, que aspiren también al placer, puesto que perfeccionan la vida que cada uno ha escogido (Aristóteles, *EN*, 1175a).

Es por medio de la curiosidad que el hombre se pierde en los datos que recibe, terminando con una manía y ansiedad devoradora por tener todo el conocimiento.

---

[62] Teofrasto, *op. cit.*, p. 11.

[63] Salud, Valores y Deporte (SVD), "Orden", *Definición y descripción de valores*.

- La liberalidad: o desprendimiento de las cosas materiales. "Finalmente, de los hombres virtuosos, los liberales son, quizá, los más amados, porque son útiles y lo son en el dar" (Aristóteles, *EN*, 1120a). Aristóteles la da como primer ejemplo entre el exceso y el defecto frente al justo medio:

En relación con el dar y recibir dinero, el término medio es la liberalidad, el exceso y el defecto son, lo respectivamente, la prodigalidad y la tacañería. En estos dos vicios, el exceso y el defecto se presentan de manera contraria: el pródigo se excede en gastarlo, y se queda atrás en adquirirlo; el tacaño se excede en la adquisición, y es parco en el desprendimiento. De momento hablamos esquemática y sumariamente, lo cual basta para nuestro propósito; luego serán definidos con más precisión. Respecto del dinero hay también otras disposiciones: un término medio, la esplendidez (pues el hombre espléndido difiere del liberal: el primero maneja grandes sumas, el segundo pequeñas); un exceso, la extravagancia y la vulgaridad, y un defecto, la mezquindad. Estas disposiciones difieren de las que se refieren a la liberalidad; de qué manera difieren, se dirá más adelante (Aristóteles, *EN*, 1107b).

No se crea falsas necesidades, ni acumula cosas, entiende que los bienes son medios para crecer como persona y no como fines en sí mismos. El desprendimiento de los bienes materiales facilita también ocuparnos generosamente de las necesidades materiales de los demás, y será condición imprescindible para vivir la solidaridad, principalmente en el trabajo profesional.

No es propio del liberal repartir las riquezas de suerte que él se quede sin nada para su sustento, ni para la práctica de obras virtuosas que conducen a la felicidad. Por eso dice el Filósofo, en *IV Ethic.*, que el liberal cuida sus propios bienes queriendo con ello abastecer a otros.[64]

---

[64] Santo Tomás de Aquino, *S. Th.*, II-II, q. 117, a. 1, obj. 2.

En la liberalidad debe existir un orden, por lo que "ordena al hombre respecto al uso conveniente de las riquezas, de suerte que esté desprendido de ellas y las comunique o entregue con facilidad al que las necesita o a los amigos".

Frente a la liberalidad se encuentran dos opuestos que pierden el equilibrio en el desprendimiento de las cosas:

> El pródigo, por otra parte, yerra en estas mismas cosas, pues ni se complace ni se aflige con lo que debe y como debe: esto se hará más evidente cuando avancemos. Hemos dicho que la prodigalidad y la avaricia son exceso y defecto, y en dos cosas, en el dar y en el tomar, porque colocamos el gasto en el dar. Así pues, la prodigalidad se excede en dar y en no tomar, y queda corta en tomar; la avaricia, en cambio, queda corta en dar y se excede en tomar, excepto en las pequeñas cosas (Aristóteles, *EN*, 1121a).

Vicios contrarios a la *liberalidad*:

a) Por exceso: el consumismo o el despilfarro.

b) Por defecto: la codicia y la avaricia. "La avaricia es un afán vergonzoso de lucro".[65]

"La ruindad impudente es el menosprecio de la propia estimación para lograr algunas ventajas indecentes".[66]

Vicio por defecto	Virtud	Vicio por exceso
"Es avaro y no da a los demás porque busca acumular riquezas. Ni siquiera cubre sus necesidades, ni las de los que le rodean".	"Atiende las necesidades de los suyos, y también la de los demás, al compartir sus bienes".	"El que vive sin preocuparse por sus necesidades o de las personas que dependen de él. Vive sin prever el futuro, sin presupuesto, etcétera".[7]

Cuadro 43. Liberalidad.

---

[65] Teofrasto, *op. cit.*, p. 39.

[66] *Ibidem*, p. 18.

Sólo se puede ser liberal frente a la riqueza, debido a esto, sólo los que tienen mucho pueden ser liberales, por lo que es difícil para los pobres tener virtud:

> Respecto del dinero hay también otras disposiciones: un término medio, la esplendidez (pues el hombre espléndido difiere del liberal: el primero maneja grandes sumas, el segundo pequeñas); un exceso, la extravagancia y la vulgaridad, y un defecto, la mezquindad [...]. Y, así como dijimos que la liberalidad guarda relación con la esplendidez, de la que se distinguía por referirse a cantidades pequeñas, así también se relaciona con la magnanimidad, ya que ésta se refiere a grandes honores, mientras que aquélla se refiere a los pequeños; es posible, en efecto, desear honor como es debido, más de lo debido o menos, y el que se excede en sus deseos es llamado ambicioso, el que se queda corto, hombre sin ambición, y el medio carece de nombre; sus disposiciones tampoco tienen nombre, excepto la del ambicioso, que se llama ambición. Es por eso por lo que los extremos pretenden obtener el término intermedio, y nosotros, también, unas veces llamamos al intermedio ambicioso y, otras veces, hombre sin ambición, y unas veces elogiamos al ambicioso y, otras, al hombre sin ambición (Aristóteles, *EN*, 1106b-1107a).

Contrario a esto, santo Tomás afirma que se puede ser liberal no sólo con las riquezas, sino con los afectos:

> Como hemos visto (a.1 ad. 3), la liberalidad no se mide por la cantidad de lo que se da, sino por el afecto del donante. Pero el afecto del donante se halla dispuesto a dar según las pasiones de amor y concupiscencia y, por consiguiente, de las de gozo y tristeza. Por tanto, la materia inmediata de la liberalidad son las pasiones interiores, pero el objeto de esas pasiones son las riquezas.[67]

Es importante reconocer que la liberalidad no pertenece al campo de la justicia, ya que no se busca saldar una deuda, sino que depende de la intención de la persona que se desprende de sus bienes:

---

[67] Santo Tomás de Aquino, *S. Th.*, II-II, q. 117, a. 2, obj. 1.

La liberalidad, aunque no diga relación al débito legal, que es a lo que mira la justicia, sin embargo sí tiene que ver con un cierto débito moral que se funda en el decoro de la misma virtud, no en la obligación al otro. Por tanto, tiene lo mínimo en la razón de débito.[68]

- La humildad: quien "modera el desordenado apetito de la propia excelencia y por la que se reconocen las diversas limitaciones personales y también lo encauza por los caminos de la recta razón".[69] El humilde hace suya la máxima aspiración de la cultura griega y de todas las grandes civilizaciones humanas: "Hombre conócete a ti mismo". "El humilde es quien se conoce y se acepta a sí mismo, con sus cualidades y defectos",[70] es decir, "que el hombre se tenga por lo que realmente es".[71]

Como ya dijimos (a.1), pertenece propiamente a la humildad el que uno se refrene a sí mismo para no desear lo que es superior a él. Para esto es preciso que conozca lo que falta respecto de lo que excede sus fuerzas. Por eso el conocimiento de los defectos propios pertenece a la humildad como regla directiva del apetito. Pero la humildad consiste esencialmente en ese apetito. Por eso debemos decir que la humildad tiene como misión esencial el moderar los movimientos del apetito.[72]

El que dice cosas tontas de sí mismo, el que no se atreve a mirar a los ojos a las personas, el que abdica irresponsablemente de sus derechos y cosas por el estilo, no es humilde, es *apocado*.

La humildad, como las demás virtudes, se muestra preferentemente en la interioridad del alma. Por eso puede el hombre someterse a otro mediante un

---

[68] *Ibidem*, II-II, q. 117, a. 5, obj. 1.

[69] Jesús García López, *op. cit.*, p. 380.

[70] CAFÉ&co, "¿Por qué levantarse temprano? Según Marco Aurelio".

[71] Josef Pieper, *op. cit.*, p. 276.

[72] Santo Tomás de Aquino, *S. Th.*, II-II, q. 161, a. 2, respondo.

acto interno del alma sin contribuir a su daño espiritual. Esto es lo que san Agustín dice en la Regla. Pero en los actos externos de humildad, como en los de otras virtudes, hay que mostrar la debida moderación, para que no vayan en detrimento de otro. Ahora bien: si uno hace lo que debe y sirve de ocasión de pecado a otros, no es ello culpa del que se comporta humildemente, porque éste no trata de escandalizar, aunque el otro se escandalice.[73]

Por defecto, surge la *soberbia*, que no es otra cosa que el desordenado apetito de la propia excelencia.

Vicios contrarios a la *humildad*:

a) Por exceso: la abyección en cuanto al complejo de inferioridad, o la bajeza, sin apocarse o empequeñecer el ánimo.

b) Por defecto: la soberbia o megalomanía, las cuales se salen de la realidad. "La arrogancia es el desprecio de todos, excepto de sí mismo".[74]

Vicio por defecto	Virtud	Vicio por exceso
Se siente superior a los demás y presume de sus cualidades siempre que le sea posible. Piensa que todo lo puede y lo hace mejor que nadie.	Está contento con el trabajo que realiza aunque no sea valorado por los demás. Tiene espíritu de servicio y está al pendiente de las necesidades de los demás.	Busca inspirar lástima en los demás, ya sea con gestos o con su forma de vestir. Se compadece de sí mismo. No mira a los ojos y se siente como una víctima.

Cuadro 44. Humildad.

La humildad también se refiere al rebajamiento de la persona, a la expresión reducida de sí mismo:

La humildad, en cuanto virtud, lleva consigo cierto laudable rebajamiento de sí mismo. Esto se hace, a veces, sólo con signos externos y es fingido, constituyendo la falsa humildad, de la cual dice san Agustín, en una carta, que es gran

---

73 Santo Tomás de Aquino, *S. Th.*, II-II, q. 161, a. 3, obj. 3.
74 Teofrasto, *op. cit.*, p. 33.

soberbia, porque parece que busca la excelencia de la gloria. Pero a veces se hace por un movimiento interno del alma, en cuyo caso la humildad se considera como virtud propiamente dicha, porque la virtud no consiste en manifestaciones externas, sino principalmente en la decisión interna de la mente, como afirma el Filósofo en *Ethic*.[75]

Eres humilde cuando:

- Asumes tus derechos y responsabilidades.
- Tienes conversación y plática sin llegar a decir cosas tontas o presumir.
- Te enorgulleces de tu trabajo, independientemente de lo que hagas, sin avergonzarse por ello.
- Te conoces a ti mismo sin vivir una vida doble, vives con simplicidad.
- Eres auténtico sin necesidad de quedar siempre bien.
- Sabes ahorrar y comprar cosas porque te sirven.
- Evitas ser presumido, autosuficiente, altanero.
- Reconoces y aceptas cuando te equivocas.
- Sabes controlar tus sentimientos independientemente de si has hecho bien o no las cosas.
- Conoces tus cualidades y te comprometes con un trabajo.
- Sabes cuál es tu lugar y evitas ser siempre el primero en todo.
- Sabes perdonar y perdonarte.
- Evitas enojarte de cosas insignificantes.
- Aprecias el trabajo y esfuerzo de los demás.
- Agradeces lo que recibes y das sin esperar nada a cambio.
- Cuando te regañan sabes que es por tu bien, no te sientes herido.
- Eres auténtico y evitas preocuparte por lo que puedan hablar o decir de ti.
- Sabes que todos tienen defectos y los aceptas.
- Obedeces a la autoridad.
- Te dejas ayudar por los demás.

---

[75] Santo Tomás de Aquino, *S. Th.*, II-II, q. 161, a. 1, obj. 2.

- Cuidas tu apariencia sin dedicarte todo el tiempo a ella.
- Reconoces tus errores y trabajas en esas áreas de oportunidad.
- Aprendes de tus propios errores.
- Evitas compararte con los demás o creerte mejor.
- Aceptas cuando no tienes la razón.
- Perdonas a los demás, sin tener rencor ni vengarte.
- Tomas en cuenta el punto de vista de los demás.
- Aceptas las derrotas sin dejarte dominar por ellas y lo vuelves a intentar.
- Vives en la realidad y no en la fantasía.

La *sencillez* o *ahorro*: una persona natural, espontánea, que obra con llaneza, sin doblez ni engaño, carece de ostentación y modera el uso de ornato.[76] No pretende fingir y siempre busca ser ella misma.

> El verídico y sencillo, a quien llaman sincero, es un término medio entre el disimulado y el fanfarrón. Aquél que, mintiendo y a sabiendas, dice las peores cosas sobre sí mismo es disimulado; aquél que dice lo mejor, es jactancioso; el que habla de sí mismo tal como es, es verídico, y en frase de Homero, inspirado; en general, uno es amigo de la verdad, y el otro de la mentira (Aristóteles, *EN*, 1234a).

Al igual que Aristóteles, santo Tomás se refiere a la sencillez como una parte de la veracidad, sin embargo, difiere en su fin: no pretender ser lo que no se es:

> Está el hecho de que la honestidad forma parte de la virtud. Ahora bien: en el ornato externo se tiene en cuenta cierta honestidad, ya que dice san Ambrosio en *I De Offic.*: El ornato del cuerpo no debe ser afectado, sino natural; sea sencillo, con más descuido que esmero; no con preciosos y deslumbradores vestidos, sino corrientes, de modo que no falte nada a la honestidad ni

---

76 Jesús García López, *op. cit.*, p. 382.

a la necesidad ni haya nada de lujo. Luego puede haber virtud y vicio en el ornato exterior.[77]

Vivir la sencillez consta de tres partes:

1. cuando se busca la vanagloria humana mediante el excesivo ornato en los vestidos y otros objetos [...]. Nadie se procura vestidos preciosos, es decir, que excedan la condición de su estado, si no es por vanagloria (humildad).
2. cuando el hombre busca las delicias de su cuerpo mediante el excesivo cuidado en el vestir, en cuanto que los vestidos son un atractivo para tal goce (contentarse con poco).
3. por la excesiva solicitud empleada en el cuidado del vestido, aunque no exista ningún desorden por parte del fin (recibir las cosas tal como vienen: sencillez).[78]

Vicios contrarios a la *sencillez*:

a) Por exceso: está la ingenuidad o pobretonería o dejadez. "La miseria es el hábito de ahorrar en exceso".[79]

b) Por defecto: el ser complicado o artificial, o el lujo y ostentación.

Vicio por defecto	Virtud	Vicio por exceso
Es una persona que siempre le da vueltas a lo que le pasa: cómo quedó, qué van a decir de ella, etc. Busca pretextos para justificarse y se disculpa muchas veces. No se da a conocer con facilidad.	Es alguien que actúa de manera natural, de acuerdo con sus convicciones y como piensa. Sabe decir *no* aunque esté mal visto por los demás. Dice lo que le pasa y hace lo que le piden, sin complicaciones.	Es una persona que se cree todo lo que le dicen, sin indagar un poco más. Suelen abusar de ella, echándole el trabajo de los demás. No tiene malicia y la engañan con facilidad.

Cuadro 45. Sencillez.

Aristóteles habla de esta virtud como sinónimo de quien es veraz, también se incluye en la sencillez a quien posee gracia.

[77] Santo Tomás de Aquino, *S. Th.*, II-II, q. 169, a. 1, *sed contra*.

[78] *Ibidem*, respondeo.

[79] Teofrasto, *op. cit.*, p. 19.

La gracia es también un término medio, y el gracioso se encuentra entre el rudo e intratable y el bufón. En efecto, como en lo referente al alimento el remilgado difiere del voraz en que uno no acepta nada o poco y difícilmente, mientras que el otro lo toma todo fácilmente, así también el rudo con relación al hombre vulgar y bufón. El primero no acepta nada risible, o difícilmente; el otro todo, fácilmente y con gusto. Sin embargo, ni lo uno ni lo otro es lo correcto, sino que hay que aceptar unas cosas sí y otras no, y según la razón. Así lo hace el gracioso (*EN*, 1234a).

Siendo así que la sencillez tiene que ver con el ornato y la forma de aceptar la realidad, no busca más de lo que es:

Este ornato exterior es indicio de la condición humana. Así pues el exceso, el defecto y el medio puede reducirse en tales cosas a la virtud de la verdad a la cual el Filósofo atribuye el arreglo de los hechos y dichos, por los que se significa algo del estado del hombre.[80]

Con la sencillez se conoce a sí mismo por lo que se mantiene apegado a la razón, sin excederse, y tampoco sin quedarse corto de lo que necesita para vivir bien.

2. Cómo actúa el templado

La moderación a la que hace referencia la templanza no significa limitación, contención, represión, estrangulamiento, freno o cerrojo de mis pasiones y acciones. Sino que es armonía, orden interior, paz; el templado es capaz de integrar su inteligencia con sus sentidos, para que todas sus partes se ayuden unas a otras; hacer un todo armónico de una serie de componentes dispares. Es la recta proporción entre la razón y las pasiones. Es saberse valorar ante lo que sucede a nuestro alrededor sin dejarnos arrastrar por el momento.

---

[80] Santo Tomás de Aquino, *S. Th.*, II-II, q. 169, a. 1, obj. 3.

Toda virtud es un hábito con una doble relación: por una parte, a los vicios contrarios, excluyéndolos, y a las concupiscencias, frenándolas; por otra, al fin al que conduce. Así, pues, una virtud puede ser necesaria en una persona por un doble motivo. Primero, porque siente una inclinación mayor hacia las concupiscencias, la cual ha de ser frenada por la virtud, y hacia los vicios que son suprimidos por ella.[81]

La persona templada está convencida de que lo material y los placeres sensibles son un medio para la vida y no un fin en sí mismos. Está por encima de todo lo que es aparentar: compra, usa, ingiere y tiene lo que necesita, no tanto por estar a la moda, y menos por competencia con el resto de sus iguales, o por lo que se antoja. Vive de manera auténtica, distinguiendo aquellas cosas que le impiden ser mejor y busca llegar a su fin: ser feliz.

En la relación con los bienes materiales y en la atracción de los placeres sensibles, el verdaderamente virtuoso actúa igual si lo ven o no lo ven; siente bonito o feo; con ganas o sin ellas; esté solo o acompañado. Y si en alguna ocasión, ve conveniente no hacer la acción *buena*, no tiene remordimientos.

La templanza es la única virtud que se realiza y opera exclusivamente sobre el sujeto actuante: es al mismo tiempo sujeto activo y pasivo; árbitro y jugador; juez y parte. La prudencia mira hacia el orden en su universalidad; la justicia indica la relación específica a los demás; la fortaleza muestra cómo olvidarse de sí mismo, llegando a inmolar sus bienes y su vida. La templanza se ejerce desde el hombre y para el hombre mismo, quien actúa se perfecciona cada vez más. Actuar con templanza quiere decir: que la persona enfoca *sobre sí* su mirada, su voluntad, su razón, para poseerse y poder darse a través del amor: es un mirarse desprendido y no egoísta.

La templanza es la virtud que nos ayuda a poner todo en proporción y, junto con la prudencia, nos permite valorar todo aquello que nos hace un bien o mal para nuestra vida. Cuando el hombre se ama a sí mismo, por encima de todo, fracasa en su propia realización. Por ejemplo: el avaro evita la

---

[81] *Ibidem*, q. 149, a. 4, respondo.

inmoralidad por los gastos que acarrea; claramente esto no es virtud; mirarse a sí mismo lo lleva a un vacío desolador.

> Cuando se les pide a las personas que hagan algo que requiere autocontrol, si piensan que lo que están haciendo por razones personales —si sienten que es como una opción o algo que les gusta porque ayuda a alguien—, les cuesta mucho menos. Si sienten que no tienen autonomía, que simplemente están siguiendo órdenes, sus músculos de la fuerza de voluntad se cansan mucho antes.[82]

Un hombre destemplado falla gravemente en la apreciación del fin y de los medios que a él conducen. El drama de quien busca la felicidad por medio de los placeres también es de quien se encuentra más miserable. "Al contrario, destruye el placer en el placer y sólo consigue la frustración".[83] Conforme va creciendo su apetito de placer menos satisfacción encuentra. "El apetito sensible —argumenta Rhonheimer— posee la peculiaridad de que puede aumentar indefinidamente".[84] Y puede hacerlo porque el apetito de los sentidos es siempre apetito de una persona humana que posee *razón*. La razón del destemplado se pone enteramente al servicio de la sensibilidad, que precisamente no se puede saciar porque la razón siempre puede avanzar de *apetito en apetito*.[85] Dado que carecen de razón, los animales no pueden ser destemplados. El objeto de su apetito es limitado por ser sensible, una vez satisfecho, el placer se acaba.

Lo que todos consideramos bueno no son los instantes de placer, sino una vida placentera que no se reduzca a lo momentáneo, sino que se prolongue. Para esto es necesaria la razón, que nos ayuda a valorar si lo que hacemos vale la pena para sumar a la felicidad o no. El destemplado vive en un constante autoengaño, se ciega ante la felicidad y vive del materialismo y consumo hasta

---

[82] Charles Duhigg, *op. cit.*, pp. 222-223.

[83] Salud, Valores y Deporte (SVD), "Disciplina", *Definición y descripción de valores*.

[84] Martin Rhonheimer, *op. cit.*, pp. 258 y ss.

[85] *cfr.* Thomas Hobbes, *Leviatán*, c.11.

que se vuelven adicciones: alcoholismo, tabaquismo, drogadicción, consumismo, promiscuidad sexual, ludopatía, bulimia, etc. Quien no vive la templanza o el autocontrol de sí mismo cae en la desesperación y la depresión por todo aquello que no tiene. Se encuentra insatisfecho ante la vida pues, como afirmaba Schopenhauer, en el mundo nos encontramos en una constante insatisfacción ante las cosas y, cuando queremos algo, una vez que lo obtenemos, ya no lo queremos, entonces sentimos un vacío nuevamente, hasta que encontramos algo que no tenemos y lo buscamos hasta conseguirlo.[86] Este ciclo dura toda la vida, por lo que se cae en una depresión y la vida carece de sentido.

3. ¿Cómo vive el templado?

A continuación, se reúnen las manifestaciones que tiene la persona templada, las cuales uno puede ir ejerciendo para vivir la templanza.

---

[86] cfr. Arthur Schopenhauer, *El mundo como voluntad y representación*.

Abstinencia	Disfrutas de la comida sin necesidad de atragantarte ni llegar al hartazgo (el *mal del puerco*). Eres capaz de comer bajo un horario. Comes de manera sana, sin caer en antojos como chatarra, refrescos, dulces. Comes de manera saludable y proporcionada. Cuidas las cantidades de lo que comes. Comes una dieta balanceada, adecuada a tus necesidades. Comes de manera balanceada, sin comer sólo lo que te gusta. Consultas con el especialista antes hacer una dieta rigurosa. Tienes antojos sin caer en ellos todo el tiempo. Te sirves la cantidad de alimento adecuada y evitas desperdiciar la comida. Comes dulces y golosinas en pequeñas cantidades a lo largo del día. Sigues la dieta que te recomendó el médico. Te esfuerzas por respetar tu horario de comida. Te das cuenta de que es necesario comer para vivir: cuidas tus tres comidas del día. Buscas el cuidado de tu físico y apariencia sin llegar a la vanidad. Realizas ejercicio físico con moderación y entusiasmo, sin llegar al exceso y lastimarte. Te mantienes en forma sin llegar al sobrepeso o a estar debajo de tu peso promedio. Comes en un lugar apropiado, no durante tus actividades: trabajo, clases, estudio, etcétera.
Sobriedad	Cuando en una fiesta te ofrecen bebidas alcohólicas gratis sólo tomas lo que puedes. Cuando te ofrecen droga gratis te niegas a tomarla. Tomas alcohol sin emborracharte. Tomas café en horarios que no lleguen a afectar tu sueño. Procuras medir el consumo de tabaco. Logras salir de la adicción al darte cuenta de la cantidad de consumo que tienes y de por qué lo haces. Sabes divertirte al lugar a donde vayas, disfrutas el ambiente sin salirte de control. Eres consciente de tu responsabilidad frente a los demás y manejas en estado de sobriedad.

Castidad	Cuidas de la vista en la calle y en los medios de comunicación. Cuidas el modo de vestir, adecuado al lugar y ocasión. Te abstienes de tener relaciones sexuales con cualquiera y de hablar sobre sexo con cualquiera. Hablas de sexo con naturalidad y evitas dirigirte a los demás con intenciones torcidas o expresiones vulgares. Buscas ser agradable en reuniones y evitas conversaciones morbosas. Eres consciente de tu dignidad y no te prestas a trabajos deshonestos. Cuidas lo que ves, cómo te expresas y lo que escuchas en los medios, redes sociales y series o películas. Ves a las personas con su dignidad, no como simples instrumentos u objetos de placer.
Pudor	Cuando conoces a alguien nuevo evitas darle a conocer tu vida íntima. Cuidas el tipo de ropa que usas: buscas lucir elegante, discreto, evitas ser provocativo. Hablas con recato. Procuras caminar, sentarte, reír, acercarte a la gente, de manera apropiada. Eres consciente de tu dignidad humana y no te prestas al exhibicionismo, proteges tu cuerpo, tus afectos, etcétera. Eres selectivo al ver la televisión, de modo que no afecte tu propia intimidad. Buscas a las personas como fin, no como objetos con los que puedas sacar provecho.

Modestia	Eres alegre y simpático, sin llegar a las carcajadas ruidosas.
	Cuidas tu mirada y evitas ser indiscreto.
	Evitas los juegos donde se falta a la modestia.
	Cuidas la distancia, en contacto físico y expresiones insinuantes.
	Eres seguro, sencillo, no inventas cualidades para quedar bien.
	No presumes ni exageras tus éxitos o cualidades.
	Llegas a un lugar con discreción, sin relajo.
	Respetas a los demás y no buscas callar a todos para hablar y ser escuchado.
	Compartes lo que sabes sin poner dificultades.
	Te vistes apropiadamente en cada situación y cuidas tu arreglo personal.
	Tratas bien a los demás con detalles y atención, sin sobrepasarte ni dar malentendidos.
	Compras con moderación y sin exceso de lujos.
	Cuidas el silencio en las zonas de trabajo.
	Sabes escuchar a los demás y procuras que el tema no gire en torno a ti.
	Agradeces los servicios que te prestan y buscas reconocer lo que hacen por ti sin necesidad de quejarte.
	Ubicas en dónde estás y la situación en la que te encuentras, por lo que no buscas que te hagan caso.
	Tienes una postura corporal adecuada.
	Sabes comportarte en todos lados: sin groserías ni malos modos.
	Sabes ser tú mismo, sin importar con quién te encuentras.

Orden	Tienes un horario que incluye todo lo que tienes que hacer durante el día. Eres consciente de tu capacidad y posibilidades, al asumir cargas y compromisos, sin descuidar lo más importante. Cumples tus obligaciones con eficacia, respetando la hora establecida para cada cosa, y evitas dejarlo para después. Te levantas en cuanto suena el despertador. Haces primero tus obligaciones antes de seguir tus preferencias. Después de usar las cosas, las regresas a su lugar. Eres puntual. Pides la palabra para hablar. Al trabajar cuidas el orden y la limpieza. Respetas tus horas de comida. Haces lo que debes y después tomas tu descanso, no al revés. Cuida tus cosas y no las olvidas. Tienes muy claros tanto tus horarios de dormir como de descanso y los respetas sin desvelarte por cualquier motivo, salvo que sea necesario. Procuras llevar las herramientas necesarias para no olvidarlas. Pones la basura en su lugar. Sabes esperar tu turno. Tienes un lugar para cada objeto y cada uno está en su lugar. Atiendes primero lo importante y urgente. Tienes un plan de vida.
Clemencia	Sabes darle el castigo justo al daño hecho, sin dejarte llevar por tus sentimientos. Corriges lo que se hizo mal sabiendo que puedes hacer un bien mayor. Sabes decir lo que piensas sin herir a la persona. Sabes tratar a cada persona sin necesidad de caer en malos tratos ni groserías. Tratas a los demás sin caer en favoritismos. Evitas el rencor o remordimiento hacia alguien. Sabes perdonar sin vengarte.

Mansedumbre	Ante situaciones incómodas o poco amables, hacia los demás o hacia ti, comprendes el entorno y buscas aguantarte sin quejarte. Cuidas tu carácter, reacciones y comentarios; evitas estallar con facilidad. Sabes solucionar tus problemas. Evitas lastimar a los demás cuando estás enojado. Eres sensible y solidario con las necesidades ajenas. Evitas molestarte con los demás por las cosas no hechas a tu modo.
Eutrapelia	Atiendes primero tus deberes antes de salir a divertirte. Tienes un equilibrio entre los tiempos de trabajo y otras actividades. Te concentras en tu trabajo o deberes, en el momento que te corresponde hacerlo. Sabes estar con buena cara a pesar de las dificultades que se te presentan. Sabes cómo aprovechar el tiempo en los juegos, evitas caer en la ludopatía. Sabes convivir con los demás sin excederte y atendiendo tus prioridades. Sabes hasta dónde jugar sin que afecte el tiempo o gastos necesarios, ni tener aficiones o pasatiempos útiles sin caer en la vagancia.
Estudiosidad	Buscas saber por el simple hecho de aprender (cursos, artículos, actualizaciones, capacitaciones) y superarte en la vida. Te das cuenta de que es necesaria la actualización y profundización de distintos temas para perfeccionarte como persona y servir mejor a los demás. Buscas aprender sin importar tu edad. Te mantienes informado acerca de los acontecimientos mundiales y lo que pasa a tu alrededor porque lees el periódico. Tienes criterio para distinguir lo que presenta el internet, los medios de información, libros, revistas, etcétera. Procuras tener conversaciones de contenido y evitas que giren exclusivamente sobre banalidades. Cualquier saber te interesa y te mantienes informado. Evitas pensar que sabes todo.

Liberalidad	Sabes ahorrar para lo que necesitas sin dejarte llevar por antojos o promociones pasajeras. Tienes todo lo que necesitas. Sabes lo que tienes sin necesidad de presumirlo. Prefieres usar cosas que perduren en vez de vestir a la moda (inviertes). Compartes tus cosas con los demás. Cuidas los instrumentos de trabajo para que duren más tiempo. Tienes la ropa necesaria. Te mantienes desapegado y libre de las cosas materiales. Estás seguro de quién eres y no de lo que tienes. Evitas complicarte innecesariamente con preocupaciones vanas: qué dirán los demás, si les caes bien, etcétera.
Humildad	Asumes tus derechos y responsabilidades. Tienes conversación y plática sin llegar a decir cosas tontas o presumir. Te enorgulleces del trabajo que haces independientemente de lo que hagas sin avergonzarte por ello. Te conoces a ti mismo sin vivir una vida doble y con simplicidad. Eres auténtico sin necesidad de quedar siempre bien. Sabes ahorrar y comprar cosas porque te sirven, no por ser presumido, autosuficiente, altanero. Reconoces y aceptas cuando te equivocas y sabes controlar tus sentimientos. Conoces tus cualidades y te comprometes con un trabajo. Sabes cuál es tu lugar y evitas ser siempre el primero en todo. Sabes perdonar y perdonarte. Aprecias el trabajo y esfuerzo de los demás. Agradeces lo que recibes y das sin esperar nada a cambio. Cuando te regañan sabes que es por tu bien y no te sientes herido. Eres auténtico y evitas preocuparte por lo que puedan hablar o decir de ti.

Humildad	Sabes que todos tienen defectos y los aceptas. Obedeces a la autoridad. Te dejas ayudar por los demás, dejas que te digan su punto de vista y recomendaciones. Cuidas tu apariencia sin dedicarte todo el tiempo a ella. Reconoces tus errores y trabajas en esas áreas de oportunidad. Aprendes de tus propios errores y cuando no tienes la razón. Reconoces tu trabajo y evitas compararte con los demás o creerte mejor. Perdonas a los demás, sin tener rencor ni vengarte. Aceptas las derrotas sin dejarte dominar por ellas y lo vuelves a intentar.
Sencillez	Le das importancia a pequeños derroches: evitas dejar las luces prendidas, la llave abierta, desechar ropa aprovechable, tirar comida, etcétera. Ahorras aun sabiendo que tienes lo necesario sin gastar de más. Te adaptas en cualquier entorno y evitas quejarte por cualquier incomodidad: "hace calor", "tengo sed", "tengo hambre", etcétera. Actúas de manera natural y de acuerdo con tus convicciones. Actúas como piensas y te mantienes con tus principios, hablando siempre con la verdad. Controlas tus impulsos sin dejarte llevar por ellos. Preguntas por lo que no entiendes.

Cuadro 46. Manifestaciones de la persona templada.

IX. Ser feliz viviendo las virtudes

1. ¿Es posible tener todas las virtudes?

De todas estas virtudes, cuarenta hábitos buenos, hacen que la persona logre ser feliz, sin embargo, si no hay un sentido trascendente, un porqué hacer las cosas, entonces no hay virtudes, sólo buenos hábitos.

> Puede admitirse que en lo que hace a las virtudes naturales, el mismo individuo no está naturalmente bien dotado con relación a todas, de suerte que pueda haber adquirido una cuando aún no ha alcanzado otra. Pero en lo que hace a las virtudes por las cuales un hombre es llamado simplemente bueno, esto no es posible, puesto que al estar presente la prudencia, que es una, estarán presentes al mismo tiempo las demás virtudes (Aristóteles, *EN*, 1145a).

Con este estudio, lo que se pretende es demostrar cómo las virtudes pueden ser comprendidas desde todas sus aristas para facilitar su educación, esto es, saber en qué ejercer ese deseo para encontrar una señal y tener una rutina.

> Sería, en efecto, extraño que la maldad que aparece, a veces, en la parte irracional del alma pueda transformar la virtud de la parte racional y ser causa de la ignorancia, y, en cambio, la virtud que está en la parte irracional, encontrándose la ignorancia en la parte racional, no pueda transformar a ésta, y le haga juzgar con sensatez y obrar como es debido; y que, a su vez, la prudencia de la

parte racional no pueda hacer que la intemperancia de la parte irracional obre moderadamente, como parece ser lo propio de la continencia. De suerte que de la ignorancia saldría un comportamiento prudente (Aristóteles *EN*, 1246b).

De este modo se toma en cuenta a toda la persona, no por partes, sino enseñándole la virtud desde la acción hasta su conocimiento, para querer el bien que le proporciona. Al integrar la inteligencia, la voluntad y los apetitos con el ejercicio de las virtudes, se completa al hombre para que actúe según su naturaleza. Pero, ¿es posible ejercerlas todas? En principio parecería imposible si las vemos desde un punto de vista aislado, sin embargo, ejercer una virtud es de manera conjunta:

> La prudencia no puede ser cobarde, ni injusta, ni intemperante, ya que, si lo fuese, no sería tampoco prudencia. Luego si es prudencia y es, por ende, fuerte, justa y templada, allí donde está, lleva consigo las demás virtudes. Del mismo modo, la fortaleza no puede ser imprudente, intemperante o injusta. Asimismo, la templanza es por necesidad prudente, fuerte y justa, y la justicia no puede ser sino prudente, fuerte y templada. Cuando una de esas virtudes es verdadera están con ella las demás, y cuando las demás faltan, ella no es auténtica, aunque en algún modo sea semejante a la auténtica.[1]

San Agustín refiere de manera fenomenológica ante el ejercicio de las virtudes que éstas no se pueden concebir de manera aislada, pues necesitamos una y otra para educarlas. Cuando ejercemos las virtudes no podemos dejar de lado las demás, porque practicamos unas al tiempo que las otras. En el estudio de los hábitos, Duhigg habla de la fuerza de voluntad como una acción que, al ser fortalecida, se ejerce en cada aspecto de la vida:

> Era como el ejercicio del estudio: cuando las personas reforzaban sus músculos de la fuerza de voluntad en un aspecto de su vida —en el gimnasio, o en un programa para administrarse su dinero—, esa fuerza se trasladaba a su forma

---

[1] San Agustín, *Carta 167*: 5.

de comer o al esfuerzo que ponía en su trabajo. Cuando la fuerza de voluntad se fortalecía, afectaba a todo.[2]

Podemos comenzar con una acción en un aspecto de la vida de la persona, para que a su vez afecte al resto, como enseñarle disciplina en el deporte, de esta manera tendrá responsabilidad en el trabajo.

Conoces, en efecto, la justicia, de la cual nadie abusa. Se la considera como uno de los bienes más grandes que tiene el hombre y una de las virtudes del alma que constituyen la vida recta y honesta. Nadie, efectivamente, usa mal de la prudencia, ni de la fortaleza, ni de la templanza, porque en todas ellas, como en la justicia, de la que tú has hecho mención, impera la recta razón, sin la cual no puede darse virtud alguna, y de la recta razón nadie puede usar mal.[3]

La educación de las virtudes tiene que ver con el recto gobierno de la razón sobre las pasiones, reconociendo las circunstancias y las acciones que se realizan (con pleno conocimiento y consentimiento). El mal se produce por el desorden de las facultades al percibir los bienes sin distinción alguna, es por eso que hay bienes grandes, intermedios y bajos:

Las virtudes, por las cuales se vive rectamente, pertenecen a la categoría de los grandes bienes; en cambio, las clases diversas de cuerpos, sin los cuales se puede vivir rectamente, son los bienes más pequeños; y las potencias del alma, sin las cuales no se puede vivir rectamente, son los bienes intermedios. De las virtudes nadie usa mal; de los demás bienes, es decir, de los intermedios y de los inferiores, cualquiera puede usar bien, y también abusar.[4]

---

[2]   Charles Duhigg, *op. cit.*, p. 206.

[3]   San Agustín, *Del libre albedrío*. Libro II, XVIII, 50.

[4]   San Agustín, *Del libre albedrío*. Libro II, XIX, 50.

Las virtudes no sólo se adquieren por el conocimiento de ellas, en parte, también se educan por medio del ejemplo de los demás, no se heredan: el justo no da justicia, sino que hace acciones justas. Las personas se motivan para ejercer las virtudes con el ejemplo, por la recompensa y por la inteligencia, sólo así permanecen con actos constantes.

El hombre virtuoso no es esclavo de las pasiones, pero tampoco impasible. Sabe desear, alegrarse, airarse, cuando conviene y en la medida en que conviene. Ejerce un dominio positivo sobre las pasiones, utilizándolas cuando las precisa y así decide. La virtud no mata las pasiones: las eleva, haciéndolas electivas y consiguientes a la deliberación prudencial. La virtud supone, pues, alegría, fortaleza, esperanza, audacia, etc.; si se prescinde de estas cualidades sensibles, se lleva a una moral tan deforme como la que se edifica únicamente sobre el instinto o la pasión desordenada, pues "pertenece a la perfección moral del hombre que éste se mueva al bien no sólo según la voluntad, sino también según el apetito sensible".[5]

Es posible vivir estas 40 virtudes, se trata de comenzar por pequeños pasos que lleven a realizar los hábitos de manera sistemática, lo cual conduce a adquirir una segunda naturaleza. Se necesitan al menos 28 días para desarrollar el hábito mecánico, durante esos 28 días se recuerda realizar la acción determinada. Luego toma tres meses determinar la funcionalidad y recordar si hacemos o no la acción propuesta y, finalmente, son seis meses para darle un sentido a la acción que realizamos, lo cual lo vuelve una virtud.

La clave se encuentra en el ejercicio de las virtudes relevantes. Las virtudes tienen su punto y propósito no sólo para la relación necesaria entre los bienes internos practicados alcanzados y no sólo como una forma de vida individual sustentable para llegar al bien deseado, pero también la tradición que provee ambas prácticas y vidas individuales con el contexto histórico necesario.[6]

---

[5]   Ángel Rodríguez Luño, *op. cit.*, pp. 231-232.
[6]   Alasdair MacIntyre, *After Virtue...*, p. 223.

Este sistema se desarrolla por medio de un acompañamiento cercano, como un entrenador con el atleta al que va a capacitar para superar los obstáculos, que, en este caso, presenta la vida. Éste es el sistema de CAFÉ&co., una consultoría de filosofía y ética que ayuda a las personas a cumplir su fin por medio de las virtudes o hábitos de éxito. Diógenes Laercio define las virtudes "como la disposición racional para ser deseada para y por ella misma y no por la esperanza, miedo, o cualquier otro motivo".[7] Las virtudes no son una herramienta, sino que son ejercidas por el bien mismo que presentan.

Las virtudes como tales pueden volverse una habilidad si no tienen un fin superior, es decir, que una persona que se mantiene en el justo medio establecido como virtud por Aristóteles, no garantiza que la persona haga el bien. Es por esto que san Agustín no quita el dedo del renglón al enaltecer las virtudes, no sólo como una mera praxis o habilidad externa, sino que pueda servir a los demás genuinamente, a la sociedad y a la entrega a los demás por el bien mismo (lo que Aristóteles denomina amistad).

> [S]e deben considerar verdaderas virtudes: la prudencia de los avaros, que los lleva a no desperdiciar las más pequeñas ganancias, la justicia de los avaros, que, por temor a pérdidas ingentes, prefieren no hacer caso de las mermas que sufren en sus propios bienes ni apetecen lo ajeno; la templanza de los avaros, que reprimen toda inclinación a la sensualidad, porque es derrochona y se contentan con lo estrictamente necesario en comida y vestido; la fortaleza de los avaros, que, como canta Horacio, "para evitar la pobreza, huyen a través de los mares, acantilados y fuegos" (Horacio, *Epist.* 1,1,v. 46) [...]. Todas estas virtudes, con fines torpes e impuros, no pueden ser verdaderas virtudes.[8]

En suma, las virtudes se necesitan mutuamente para desarrollarse ya que, como vimos, la prudencia es la base de las virtudes, así como la justicia es necesaria para pensar en el prójimo, la templanza para el control de las pasiones y la fortaleza para actuar con fuerza.

---

[7] Alasdair MacIntyre, *Short History...*, p. 106.

[8] San Agustín, *Réplica a Juliano.* Libro IV, III, 19.

A medida que un individuo medita sobre la templanza o dominio de sí mismo, se ve influenciado más y más en casi todas las actividades de la vida, así imprime un rumbo más racional y, entre más la ejerce, aumenta su inclinación hacia ella y los placeres pierden su poder de seducción. Al ejercer esto, la templanza se convierte en fortaleza, en la resistencia ante la tentación por parte del espíritu, y ayuda a perseguir la idea de bien al juzgar sobre la verdad de las cosas.[9] La vida virtuosa es morir diariamente frente a la vida de los sentidos. Podríamos ser, por ejemplo, un buen médico sin ser, en modo alguno, un buen poeta; pero esto no quiere decir que un cobarde sea realmente un buen juez.[10]

Las virtudes son actos moralmente buenos que llevan a la perfección de las personas ya que cumplen su fin: ser feliz. Por ello la felicidad no puede ser producto de una suerte o una deidad que dota de felicidad a cada persona, sino que se encuentra por medio de acciones determinadas que forman parte de nuestra naturaleza.

> Si, pues, el éxito se debe necesariamente a la naturaleza, al intelecto o a una cierta protección, y se descartan estas dos últimas causas, es por naturaleza por lo que uno es afortunado. Sin embargo, la naturaleza es causa de lo que se presenta siempre o, generalmente, de la misma manera, mientras que la suerte es lo contrario. Si, pues, tener éxito inesperadamente parece fruto de la suerte, y si es precisamente gracias a la suerte por lo que uno es afortunado, podría parecer que esta causa no es tal que produzca siempre o generalmente el mismo efecto. Además, si gracias a tal cualidad uno tiene éxito o fracasa (como el color azul de los ojos hace que un hombre no tenga una mirada penetrante), no es la causa la suerte sino la naturaleza. Así uno no es afortunado, sino, más bien, bien dotado. En consecuencia, habría que decir que los que llamamos afortunados no lo son por la suerte; no lo son, porque afortunados son aquellos para quienes la buena suerte es la causa de los bienes (Aristóteles, *EN*, 1247a-b).

---

9 *cfr*. Albert E. Baker, *Iniciación de la filosofía*, p. 40.

10 *cfr*. San Agustín, *La Trinidad*. Libro VI. Cap. IV. Trad. Luis Arias. www.augustinus.it/spagnolo/trinita/index2.htm

Santo Tomás de Aquino toma la idea aristotélica de la felicidad y la eleva a la vida bienaventurada[11]

como el último fin de la vida humana, según ya vimos (q.2 a.7; q.3 a.1; q.69 a.1), es la felicidad o bienaventuranza, síguese que la ley debe ocuparse primariamente del orden a la bienaventuranza. Además, la parte se ordena al todo como lo imperfecto a lo perfecto, y el hombre individual es parte de la comunidad perfecta. Luego es necesario que la ley se ocupe de suyo del orden a la felicidad común. De ahí que el Filósofo, en la sobredicha definición de las cosas legales, haga mención tanto de la felicidad como de la comunidad política. Dice, en efecto, en *V Ethic.* que llamamos cosas legales justas a las que promueven y conservan la felicidad y todos sus requisitos en la convivencia política, teniendo en cuenta que la comunidad perfecta es la ciudad, como también se dice en *I Politica.*[12]

Ser feliz es también sinónimo de ser afortunado, esto se suele discutir debido a que hay quienes piensan que suelen ser favorecidos o bendecidos por los dioses, que nacen con una disposición natural y son completamente pasivos a ella. En cambio, quienes no nacen con esta disposición, es posible que la desarrollen siguiendo su impulso o racionalizándolo, sin embargo, ambos actúan, llevan a cabo obras que los hace ser felices y, por ende, afortunados.

Es evidente, pues, que hay dos especies de fortuna: una divina, por la que el afortunado parece tener éxito gracias a la divinidad, y éste es el hombre que prospera siguiendo su impulso, mientras que el otro prospera en contra de su

---

[11] "La bienaventuranza o felicidad es el premio de la virtud, como dice el Filósofo en *I Ethic.* Pero parece que el premio más adecuado a la virtud es el honor, como dice el Filósofo en *IV Ethic.* Luego la bienaventuranza consiste propiamente en el honor [...]. Como señala el Filósofo en el mismo lugar, el honor no es el premio de la virtud por el que se esfuerzan los virtuosos, sino que los hombres se lo tributan a modo de premio por no tener nada mejor que dar. Pero el premio auténtico de la virtud es la misma bienaventuranza, por la que se esfuerzan los virtuosos. Si se esforzaran por el honor, no habría virtud, sino ambición". Santo Tomás de Aquino, *S. Th.*, II-II, q. 2, a. 2, obj. 1.

[12] Santo Tomás de Aquino, *S. Th.*, II-II, q. 90, a. 2, respondo.

impulso. Ambas personas son irracionales. Y la fortuna primera es, más bien, continua, pero la otra no lo es (Aristóteles, *EN*, 1248b).

Se es feliz cuando se poseen las virtudes particulares, pues al ejercerlas sin importar la circunstancia y la situación en la que se encuentren, son capaces de reconocer sus capacidades y actuar conforme al mayor o mejor bien que le es posible. Se dice virtuoso a quien practica la virtud, al igual que cualquier otro hábito, sea profesional o personal. La persona que practica el bien se dice bueno, porque lo vive todos los días:

> Por consiguiente, es bueno un hombre para quien los bienes naturales son buenos, dado que los bienes por los que luchan los hombres y que creen que son los mayores, honor, riqueza, virtudes del cuerpo, buena suerte y poder, son buenos por naturaleza, pero pueden resultar nocivos para algunos a causa de su modo de ser... Un hombre es noble por poseer aquellos bienes que son nobles en sí mismos y por practicar actos nobles y con vistas a ellos mismos, y son nobles las virtudes y los actos que proceden de la virtud (Aristóteles, *EN*, 1248b).

Quien vive las virtudes es noble, lo cual es lo más alto que una persona puede alcanzar, debido a esto es merecedor de todos los honores. "Mas el hombre que cree que debe poseer las virtudes a causa de los bienes externos hace cosas bellas accidentalmente. La nobleza es, pues, la virtud perfecta" (Aristóteles, *EN*, 1249a). Su acción tiene un fin: hacer el bien para ser feliz, no de manera accidental, puesto que es un hábito realizarlo independientemente de las situaciones en las que se encuentre.

> Ya que esto no es satisfactorio, sino que la felicidad ha de ser considerada, más bien, como hemos dicho antes, y si, de las actividades, unas son necesarias y se escogen por causa de otras, mientras que otras se escogen por sí mismas, es evidente que la felicidad se ha de colocar entre las cosas por sí mismas deseables y no por causa de otra cosa, porque la felicidad no necesita de nada, sino que se basta a sí misma, y las actividades que se escogen por sí mismas son aquellas de las cuales no se busca nada fuera de la misma actividad. Tales

parecen ser las acciones de acuerdo con la virtud. Pues el hacer lo que es noble y bueno es algo deseado por sí mismo (Aristóteles, *EN*, 1176b).

No se puede ser virtuoso por accidente, tampoco la felicidad, en cambio, el placer puede llegar como efecto de diferentes acciones, pero no de manera repetitiva. La felicidad surge bajo el efecto de la virtud, la cual lleva a la perfección del hombre al aplicar lo que sabe de las virtudes para ser virtuoso, es decir, ser feliz. Sin embargo, Aristóteles no queda satisfecho con el ejercicio de virtudes, a aquello que se refiere a la felicidad como la práctica de la virtud más perfecta de todas: la contemplación.[13]

Si la felicidad es una actividad de acuerdo con la virtud, es razonable (que sea una actividad) de acuerdo con la virtud más excelsa, y ésta será una actividad de la parte mejor del hombre. Ya sea, pues, el intelecto ya otra cosa lo que, por naturaleza, parece mandar y dirigir y poseer el conocimiento de los objetos nobles y divinos, siendo esto mismo divino o la parte más divina que hay en nosotros, su actividad de acuerdo con la virtud propia será la felicidad perfecta. Y esta actividad es contemplativa, como ya hemos dicho (Aristóteles, *EN*, 1177a).

Existen quienes contraponen que la contemplación y el ejercicio de las virtudes morales son dos caminos distintos, sin embargo, puede ser que este ejercicio lleve a las personas a alcanzar un estado idóneo para practicar la contemplación y ser felices. El ejercicio de las virtudes no sólo favorece a la persona, sino que eleva a la sociedad, por medio del ejemplo, para perseguir el bien y desear una vida feliz.

---

[13] "En efecto, esta actividad es la más excelente (pues el intelecto es lo mejor de lo que hay en nosotros y está en relación con lo mejor de los objetos cognoscibles); también es la más continua, pues somos más capaces de contemplar continuamente que de realizar cualquier otra actividad. Y pensamos que el placer debe estar mezclado con la felicidad, y todo el mundo está de acuerdo en que la más agradable de nuestras actividades virtuosas es la actividad en concordancia con la sabiduría" (Aristóteles, *EN*, 1177a).

Si, pues, entre las acciones virtuosas sobresalen las políticas y guerreras por su gloria y grandeza, y, siendo penosas, aspiran a algún fin y no se eligen por sí mismas, mientras que la actividad de la mente, que es contemplativa, parece ser superior en seriedad, y no aspira a otro fin que a sí misma y a tener su propio placer (que aumenta la actividad), entonces la autarquía, el ocio y la ausencia de fatiga, humanamente posibles, y todas las demás cosas que se atribuyen al hombre dichoso, parecen existir, evidentemente, en esta actividad. Ésta, entonces, será la perfecta felicidad del hombre, si ocupa todo el espacio de su vida, porque ninguno de los atributos de la felicidad es incompleto (Aristóteles, *EN*, 1177b).

Ahora bien, teniendo una sociedad que hace el bien, entonces se facilita el ejercicio de la virtud más perfecta de todas, al tener una sociedad contemplativa, que busque el bien por sí mismo y que se encuentre en contacto con el Bien. Quede esta manera, al entender lo que es el bien y sus diversas formas, es posible llevarlo a la práctica.

Referencias

ABELARDO, Pedro. *Ética o Conócete a ti mismo*. Aguilar, Buenos Aires, 1990.

ARISTÓTELES. *Ética eudemia*. Gredos, Madrid, 1985.

__________. *Ética nicomáquea*. Gredos, Madrid, 1985.

__________. *Retórica*. Gredos, Madrid, 1999.

BAKER, Albert E. *Iniciación de la filosofía*, Apolo, Barcelona, 1942.

BOECIO. *De la consolación por la filosofía*. La Crítica Literaria, Madrid, 2010.

BOJORGE, Horacio. *La casa sobre roca*. Lumen, México, 2013.

BRAGUE, José. *La naturaleza de la templanza según santo Tomás de Aquino*. Parte de la tesis doctoral presentada en la Facultad Eclesiástica de Filosofía de la Universidad de Navarra, 2007. www.almudi.org/articulos/38- recursos/virtudes/virtudes-humanas/morales?start=10

BUADES, Gaspar Rul·lán. "Del ocio al neg-ocio... y otra vez al ocio", UAB, Barcelona, 1997. https://ddd.uab.cat/pub/papers/02102862n53/02102862n53p171.pdf

CAFÉ&co. "¿Por qué levantarse temprano? Según Marco Aurelio", https://pensarpara-serfeliz.wordpress.com/2021/03/01/por-que-levantarse-temprano-segun-marco-aurelio/

CICERÓN, Marco Tulio. *La invención de la retórica*. Gredos, Madrid, 1997.

__________. *Sobre la naturaleza de los dioses*, RBA, Libros y Publicaciones, Madrid, 2023.

CÓFRES, Evencio y Ramón García de Haro. *Teología Moral Fundamental*, EUNSA, 1998.

DUHIGG, Charles. *El poder de los hábitos*, Ediciones Urano, Barcelona, 2015.

EDUCANDO JUNTOS – Fundación Astoreca. *La virtud de la laboriosidad o trabajo*. https://www.educandojuntos.cl/wp-content/uploads/2015/12/2NotatcnicaLaboriosidad.pdf

FDOCUMENTS.ec/document/capitulo-iii-la-justicia-eticae-sobre-este-trasfondo-se-entiende-la-justicia.html

FERNÁNDEZ CARVAJAL, Francisco. *Antología de textos para hacer oración y para la meditación*, Ediciones Palabra. www.clerus.org/bibliaclerusonline/es/czu.htm

GALLEGO JIMÉNEZ, Gloria. "El valor o la virtud en la educación" en *Vivat Academia*, núm. 145. Universidad Complutense de Madrid, Madrid. https://www.redalyc.org/journal/5257/525762352002/html/#:~:text=La%20voluntad%20debe%20ser%20perfeccionada,la%20fortaleza%20y%20la%20templanza.

GARCÍA LÓPEZ, Jesús. *El sistema de las virtudes humanas*. Minos, México, 1986.

__________. *Virtudes*, Asociación Almudí. www.almudi.org/recursos/virtudes/9722-La-justicia

GÉNESIS, Colegio Técnico Nocadal. "Plan de formación de virtudes". 2015. https://www.educandojuntos.cl/wpcontent/uploads/2015/12/2NotatcnicaLaboriosidad.pdf

GÓMEZ ROBLEDO, Antonio. *Platón. Los grandes seis temas de su filosofía*. Fondo de Cultura Económica, México, 1986.

GRAYBIEL, Ann M. "Habits, Rituals, and the Evaluative Brain" en *Annu. Rev. Neurosci.* 2008.31:359-387. arjournals.annualreviews.org by University Degli Studi di Pavia on 01/15/09

HERVADA, Javier. *Diálogos sobre el amor y el matrimonio*, 3ra. ed. EUNSA, Barañáin-Pamplona, 1987.

HOBBES, Thomas. *Leviatán*, México, Fondo de Cultura Económica, 2005.

ISAACS, David. *La educación de las virtudes humanas y su evaluación*. Universidad de Navarra, Pamplona. 2004.

JUAN PABLO II. "Artículo 10. El décimo mandamiento. 2536. I. El desorden de la concupiscencia" en *Catecismo Iglesia Católica*. 11 de octubre de 1992. www.clerus.org/bibliaclerusonline/es/ep1.htm

__________. *Solicitudo Rei Socialis*, 1987. http://www.clerus.org/bibliaclerusonline/es/jj5.htm

KANT, Immanuel. *Metafísica de las costumbres*, Tecnos, 2008.

LAPEL, Salcedo, Viviana Catalina. *La noción de virtud en Leonardo Polo* (tesis de maestría en Filosofía). Universidad de Piura. Facultad de Humanidades. Lima, Perú, 2017. www.leonardopolo.net/docs/Noción virtud Polo.pdf

MACINTYRE, Alasdair. *After Virtue: A Study in Moral Theory*, University of Notre Dame Press, Notre Dame, 1984.

__________. *Short History of Ethics*. Scribner Book Company, EUA, 1996.

McGovern, Mark. *Freedom, virtue, and the common good.* University of Notre Dame Press, Notre Dame, 1989.

Millán-Puelles, Antonio. *Léxico filosófico*, rialp, Madrid, 2002.

O'Shea de Artiñano, Covadonga. *En busca de los valores. Coherencia, fidelidad, generosidad, valentía... Una apuesta para una vida con sentido.* Madrid, La Esfera de los Libros, 2006. www.passeidireto.com/arquivo/116232803/en-buscade-los-valores-jose-madero/12

Olivera Ríos, Eduardo Ronald. *La virtud de la modestia y las formas corporales de expresión en santo Tomás de Aquino.* Extracto de la tesis doctoral presentada en la Facultad de Teología de la Universidad de Navarra. Pamplona, 2008. dadun.unav.edu/bitstream/10171/6886/1/OLIVERA RIOS, EDUARDO RONALD.pdf

Oliveros, E. R. *Revista de Investigación Educativa*, vol. 33, núm. 2, Murcia, 2015.

Ortiz, Sandra. "El concepto de 'hombre' en Marx", Córdoba. 1998. https://www.unrc.edu.ar/publicar/cde/h25.h tm , *Eutifrón, Ion, Lisis, Cármides, Hipias Menor, Hipias Mayor, Laques, Protágoras.* Gredos, Madrid, 1998.

__________. *Diálogos II: Gorgias, M enéxeno, Eutidemo, Menón, Crátilo.* Gredos, Madrid, 2015.

Prendiville, John G. *The Development of the Idea of Habit in the Thought of Saint Augustine.* Traditio, 28, 29–99, 1972. http://www.jstor.org/stable/27830937

Rhonheimer, Martin. *La perspectiva de la moral*, Madrid, rialp, 2000.

Sáenz, Alfredo. *Siete virtudes olvidadas.* México, apc, 2001.

Salud, Valores y Deporte (svd). "Disciplina", *Definición y descripción de valores.* saludvaloresydeporte.org/disciplina_familias.php

__________. *El valor de la Disciplina en frases.* saludvaloresydeporte.org/archivosf/Mas razones para la disciplina.pdf

__________. *El valor de Moderación en frases.* www.saludvaloresydeporte.org/materiales/Moderacion%20en%20frases.pdf

__________. "Orden", *Definición y descripción de valores.* saludvaloresydeporte.org/orden_familias.php

San Agustín. *Carta 167.* Trad. Lope Cilleruelo. https://www.augustinus.it/spagnolo/lettere/lettera_168_testo.htm

__________. *Confesiones.* Libro IX. Trad. Ángel Custodio Vega Rodríguez, revisada por José Rodríguez Díez. www.augustinus.it/spagnolo/confessioni/conf_09_libro.htm

__________. *De la vida feliz.* Trad. Victorino Capánaga. www.augustinus.it/spagnolo/felicita/felicita.htm

San Agustín. *De las costumbres de la Iglesia Católica y de las costumbres de los maniqueos*. Madrid, Gredos. 2012.

__________. *Del libre albedrío*, Libro II. Trad. Evaristo Seijas. www.augustinus.it/spagnolo/libero_arbitrio/libero_arbitrio_2.htm

__________. *El espíritu y el alma*. Trad. Teodoro Calvo Madrid. www.augustinus.it/spagnolo/attribuiti_02/index2.htm

__________. *La ciudad de Dios. Contra paganos*, Libro V. Trads. Santos Santamarta del Río y Miguel Fuertes Lanero. www.augustinus.it/spagnolo/cdd/cdd_05.htm

__________. *La ciudad de Dios. Contra paganos*, Libro XIX. Trads. Santos Santamarta del Río y Miguel Fuertes Lanero. www.augustinus.it/spagnolo/cdd/cdd_19_libro.htm

__________. *La Trinidad*. Libro VI. Trad. Luis Arias. www.augustinus.it/spagnolo/trinita/index2.htm

__________. *Ochenta y tres cuestiones* diversas. Trad. Teodoro C. Madrid. www.augustinus.it/spagnolo/ottantatre_questioni/ottantatre_questioni.htm

__________. *Réplica a Juliano*. Libro IV. Trad. Luis Arias Álvarez. www.augustinus.it/spagnolo/contro_giuliano/contro_giuliano_4.htm

Santo Tomás de Aquino. *Summa Theologiae*. Madrid, Gredos, 1964.

Sarmiento, Augusto. *La virtud de la castidad o la autenticidad del amor. Sólo las personas son capaces de amar y sólo son actos de amor los realizados con libertad* en Chatholic.net. https://es.catholic.net/op/articulos/56888/cat/1068/la-virtud-de-la-castidad-o-la-autenticidad-del-amor.html#modal

Schopenhauer, Arthur. *El mundo como voluntad y representación I*. Trad. P. López de Santa María, Madrid, Trotta, 2009.

Siervas de los Corazones Traspasados de Jesús y María. "Las virtudes morales-cardinales" en *Santos y teología del corazón: san Agustín de Hipona. Virtudes cardinales/morales*. www.corazones.org/santos/agustin2.htm

Teofrasto. *Caracteres*. Madrid, rialp, 2015.

Trigo, Tomás. *Moral de la persona*. Navarra, eunsa, 2017.

Este libro se imprimió en la Ciudad de México,
el 28 de agosto de 2023, fiesta de San Agustín de Hipona, Doctor de la Iglesia,
en Litográfica Ingramex, S. A. de C. V.
Centeno 162-1, Granjas Esmeralda, Iztapalapa,
C. P. 09810, Ciudad de México, México